乡村旅游与文化创意产业融合发展研究

谭　波　陈寿琴　陈　静　著

延边大学出版社

图书在版编目（CIP）数据

乡村旅游与文化创意产业融合发展研究 / 谭波，陈寿琴，陈静著. -- 延吉 : 延边大学出版社，2020.12
ISBN 978-7-230-00559-3

Ⅰ. ①乡… Ⅱ. ①谭… ②陈… ③陈… Ⅲ. ①乡村旅游－旅游业发展－研究－中国②文化产业－产业发展－研究－中国 Ⅳ. ①F592.3②G124

中国版本图书馆 CIP 数据核字(2020)第 254657 号

乡村旅游与文化创意产业融合发展研究

著　　者：谭　波　陈寿琴　陈　静
责任编辑：金石梅
封面设计：延大兴业
出版发行：延边大学出版社
社　　址：吉林省延吉市公园路 977 号　　邮　　编：133002
网　　址：http://www.ydcbs.com　　E-mail：ydcbs@ydcbs.com
电　　话：0433-2732435　　传　　真：0433-2732434
制　　作：山东延大兴业文化传媒有限责任公司
印　　刷：延边延大兴业数码印务有限责任公司
开　　本：787×1092　1/16
印　　张：12.75
字　　数：200 千字
版　　次：2022 年 3 月 第 1 版
印　　次：2022 年 3 月 第 1 次印刷
书　　号：ISBN 978-7-230-00559-3

定价：56.00 元

作者简介

谭波，副教授，高级导游，重庆市旅游度假区专家库成员，重庆市旅游技能大赛评委，重庆市A级景区质量等级评审员。

陈寿琴，副教授，四川大学文学硕士，共承担科研项目近40项，发表学术论文近30篇，出版专著1部，教材2部。

陈静，女，实验师，高级茶艺师，主要负责旅游管理专业的“乡村旅游学”“旅游接待礼仪”“餐饮服务与管理”等课程的教学工作。

前 言

改革开放以来，我国城镇化进程不断加快。2019 年，我国城镇化率超过百分之六十。伴随着城镇化进程的推进，我国居民在精神层面的追求也越来越高，旅游成为一种重要的休闲、放松方式。我国的旅游业在改革开放之后发展迅速，取得了引人瞩目的成就。在国内旅游业如火如荼的发展过程中，乡村旅游逐渐成为国内旅游业的一种重要组成形式。如今，乡村旅游成了城市居民亲近自然、回归自然的重要途径。乡村旅游的发展需要与文化创意产业相融合，通过融入文化创意产业，使乡村旅游发展得越来越好。

近年来，乡村旅游与文化创意产业方兴未艾，乡村旅游迎来了发展的“黄金期”。因此，促进乡村旅游与文化创意产业融合发展，是农村文化产业实现快速发展的主要着力点。但文化创意产业与乡村旅游产业的融合还不够深入，存在着基础不牢、创意不够、特色不足、结合不紧、覆盖不广等诸多问题，制约着乡村旅游产业进一步做大做强。为推进乡村旅游健康、持续发展，我们要推动乡村旅游与文化创意产业融合发展，以文化创意产业带动乡村旅游产业的发展。

笔者在写作的过程中，参考了国内外大量的相关研究成果，在此谨向参考文献的作者表示诚挚的谢意。书中存在的不足之处敬请读者批评、指正。

目 录

第一章　我国乡村旅游的基本理论

乡村是指城市以外的广大地区，在中国一般是指县城以下的广大区域，既包括乡村的农田、森林、草原等，也包括乡村居民点。乡村的种类很多，每个乡村都有自己的特色，它的生活方式和生活节奏与城市不同。乡村地区民风淳朴，是很多游客的向往之地。因此，乡村旅游是未来旅游发展中必不可少的重要组成部分，在今后的旅游市场中会占据很重要的地位。

第一节 我国乡村旅游的研究背景

一、时代发展背景

改革开放以来，我国的经济环境发生了很大的变化，乡村经济发展很快，人们的生活水平和生活质量都在不断提高，国家对乡村的产业结构也做了很大的调整。乡村旅游的发展与乡村经济的发展有着密切的联系。相对于城市经济的发展而言，乡村经济的发展比较滞后，经济水平和生活水平与城市相差甚远。当前，我国需要解决的主要问题就是如何提高乡村的经济水平。对此，国家相关部门就乡村发展目前存在的问题进行了深入的调查研究。

2003 年 10 月，在十六届三中全会上，国家提出了“五个统筹”的说法。而在“五个统筹”中，“统筹城乡发展”是重中之重。2005 年 10 月，在十六届五中全会上，国家相关部门提出了“建设社会主义新农村”的时代主题，提出“要按照生产发展、生活宽裕、乡风文明、村容整洁、管理民主的要求，坚持从各地实际出发，尊重农民意愿，扎实稳步推进新农村建设”。2006 年 10 月，党的十六届六中全会通过了《中共中央关于构建社会主义和谐社会若干重大问题的决议》，明确了构建社会主义和谐社会的新任务。2008 年 10 月，党的十七届三中全会通过了《中共中央关于推进农村改革发展若干重大问题的决定》，提出城乡经济要同步一体化发展，要加快社会主义新农村建设，使新农村建设走上中国农业现代化道路。

大力推进城乡经济一体化发展是新农村建设的首要任务，大力发展乡村旅游对乡村经济的发展具有重要的推动作用。乡村旅游既可以提高乡村居民的经济收入，又可以改善乡村的产业结构。党和国家以及各级政府领导都十分重视发展乡村旅游。新农村的建设离不开乡村旅游，要充分利用乡村资源发展旅游业，加快乡村的经济发展。

2005 年，在全国的旅游工作部署会议上，相关领导提出：“旅游业发展要有新思路，要把旅游业与解决三农问题结合起来，积极开发农村旅游资源，大力发展农业旅游。”2006 年，我国“十一五”发展规划也明确指出，发展乡村旅游是全面建设社会主义新农村的重要组成部分。由此可见，党和国家领导人非常重视乡村旅游的发展。

乡村旅游的发展方向已定，国家旅游局和各级地方政府也大力扶持，并且相继出台了很多扶持性政策，例如，乡村基础设施建设、旅游人才培养、农业产业结构调整、跨区域交流合作等。这些政策旨在加快乡村经济发展，并且已经取得了显著的效果。

1998 年，国家旅游局就推出了“华夏城乡游”；第二年，推出了“中国生态旅游年”；2006 年和 2007 年，又分别推出了“中国乡村旅游年”和“中国和谐城乡游”的乡村旅游主题，发展乡村旅游。特别是 2006 年被确定为“中国乡村旅游年”，国家旅游局要求大力发展乡村旅游，并且把发展乡村旅游当作旅游发展的重要项目。

2001 年，国家旅游局决定对农业旅游进行监管，制定了《农业旅游发展指导规范》，规范了农业旅游发展过程中的制度，公布了首批乡村旅游示范点名单，第二年初又制定了《全国农业旅游示范点检查标准（试行）》。

2004 年，国家旅游局通过实地考察和反复研究，根据农业旅游点示范标准，在全国农业旅游示范点候选名单中，通过接待人数、基本设施的安全程度、未来的发展预期等多个方面的评比，选出 203 个示范点。

2008 年，中央一号文件提出要加大力度扶持乡村旅游的发展，“要通过非农就业增收，提高乡镇企业、家庭工业和乡村旅游发展水平，增强县域经济发展活力，改善农民工进城就业和返乡创业环境”。

2009 年，国务院又颁布了《关于加快发展旅游业的意见》（以下简称《意见》），并指出，乡村旅游发展要实现多样化发展，同时也要坚持可持续发展，保护环境，在保留传统文化和自然原生态的同时，要开展具有特色的农业观光和丰富的乡村体验活动。规范、合理地利用乡村自身的资源，实现稳定快速的发展。

在新的乡村旅游示范标准的指导下，乡村旅游发展稳定，第一批乡村旅游示范村基本成功，但还存在不足，后期会进一步改善；乡村旅游发展体系和发展规模初步形成，为缩小城乡差距作出了很大的贡献，为全面建成小康社会奠定了良好的基础。到 2019 年，我国乡村旅游接待人数超过 30 亿人次，直接带动吸纳就业 1200 万人，带动受益农户 800 多万户。

乡村旅游示范点有了一定的成效，国家以及各级政府都推出了相关的扶持政策和管理制度，把乡村旅游放在地区发展的重要位置。乡村旅游发展能够增加地区的经济收入，缩小城乡之间的贫富差距，提高人们的整体生活水平。

国家以及各级政府采取具体措施扶持乡村旅游，如简化示范旅游点审批手续，减少纳税项目、降低税点，部分项目给予补助，做得好的示范点给予奖励，完善公共设施，为乡村旅游项目提供贷款等。近几年，在世界金融危机的影响下，我国政府大力拉动内需，乡村旅游发展显得尤为重要。各级政府为增加乡村的游客量、发展乡村旅游制定了各种优惠政策，其中最主要的是发放乡村旅游优惠券。通过门票优惠、住宿优惠、交通优惠等方法吸引游客，乡村旅游产业发展迅速。

在区域合作方面，为推进乡村旅游发展，山东省政府建立了由10个部门组成的乡村旅游联席会议机制，统筹协调乡村旅游工作，针对不同的政策制定相应的措施，进而解决了乡村旅游发展中遇到的一些问题；同时，督促、落实相关政策，以更好地发展乡村旅游产业。

二、理论研究背景

中国的乡村旅游起步比较晚。随着社会的进步、经济的快速发展以及国家对休假制度的调整，人们收入的提高，生活水平的改善，思想观念也逐渐转变。尤其是城市的生活节奏比较快，在忙碌的生活中，人们逐渐意识到旅游带来的身体和心灵上的放松，乡村旅游业逐步融入生活中。乡村旅游产业一直在不断发展。

2009年，董志文、张萍在中国学术期刊上，通过对乡村旅游、休闲农业、观光农业、农业旅游、休闲渔业、观光渔业、旅游渔业等关键词的搜索，发现关于乡村旅游的文献数量是前十几年文献总数的两倍多，不难看出乡村旅游正逐渐受到重视，而且发展迅速。李德明、杨开福对2006年之前的乡村旅游进行了讨论研究，并认为之前关于乡村旅游的文献主要针对乡村旅游的发展、在开发中遇到的问题以及应对策略等。

第二节　我国乡村旅游的研究现状

我国在 20 世纪 70 年代初就开始选择在一些比较有特色的乡村开展政治性的接待活动。例如，北京近郊的四季青人民公社、山西昔阳县大寨大队、上海崇明岛等。而乡村旅游真正开展起来是在 20 世纪 90 年代左右。在此之前，经济发达的地区，如深圳，在 20 世纪 80 年代后期举办了“荔枝节”，还办了新鲜蔬菜水果采摘园，受到人们的喜爱，也获得了很好的收益。其他各地也相继开展了类似的乡村旅游活动，国家旅游局也举办了与乡村旅游有关的主题活动，加快了乡村旅游的发展。

我国对乡村旅游的研究开始于 20 世纪末，相对于其他国家，起步比较晚，理论方面的研究更少，理论研究水平与实际发展情况不相符。1995 年，卢云亭出版了《观光农业》一书，这本书被认为是研究中国乡村旅游的开端。虽然当时对乡村旅游的理论研究还不够深入，但是也在一定程度上推动了乡村旅游的发展。我国的农村面积大，发展也相对落后，“三农”问题一直备受人们关注，而乡村旅游的发展在很大程度上加快了乡村经济的发展，为解决“三农”问题提供了新的思路。具体来讲，国内对乡村旅游的研究主要集中在以下几个方面：

一、乡村旅游概念的研究

由于地域的差异，乡村旅游的模式、吸引游客的方法等不尽相同，所以，乡村旅游一直没有明确的概念，我国研究者尝试从多个角度定义乡村旅游，如旅游区的特色、游客群体、盈利模式等。随着乡村旅游的发展，人们对乡村旅游的认识也在逐步加深，更偏向于从综合角度出发对乡村旅游进行定义。

从现有的研究结果看，乡村旅游主要分为观光农业、农业旅游、农家乐、生态农业旅游等几个类型。卢云亭等研究者从不同的角度研究了观光农业，将其结构分为五类，分别是观光种植业、观光林业、观光牧业、观光副业、观光生态；从功能上看，乡村旅游分为七类，分别是消费型、休闲型、娱乐型、品尝型、疗养型、务农型、观光型。而王仁强等研究者把观光旅游分为八个类别，分别是农业观光、城市农园、观光农园、休闲娱乐场所、科技采摘农园、自然生态旅游、传统文化旅游、农家乐。黄郁成等人将乡村旅游分为传统乡村旅游和现代化乡村旅游两大类。郭焕成、韩非提出，乡村旅游不仅包括乡村观光旅游，还包括传统文化风俗旅游、休闲度假娱乐旅游和亲近大自然旅游。侧重点不同，研究的方向也不同，还有一些研究者认为我国乡村旅游主要分三类：农村依托型（以农村聚落、农民生活为依托），农田依托型（以农田、花圃、茶园、花园、果园、林园等为依托），农园依托型（以“三高”农业园为依托）。

研究的侧重点不同，产生的乡村旅游概念也不同，这些概念有相同的部分，也有不同的部分。到目前为止，被广泛认同的乡村旅游概念有两个基本要素：一是乡村旅游的地点在乡村，二是主要通过乡村的特点吸引游客，这两点缺一不可。刘德谦通过研究得出结论：乡村旅游是以乡村为主题，围绕乡村特点建立的，由相关风土、风物、风俗、风景等组合而成的景点，吸引游客前来观赏。

乡村的地域特点以及其与城市的文化差异，导致研究者对乡村旅游概念的理解不统一，从而在乡村旅游的分类上产生了分歧，影响了乡村旅游的发展。因此，深入研究乡村旅游的概念还是很有必要的。找到定义乡村旅游的标准，可以为乡村旅游的开发者、政府管理部门等发展乡村旅游产业提供有力的帮助。

上述专家和学者从各自的研究领域出发，对乡村旅游进行了多元化的论述，概括起来，可归纳为三个方面：

第一，客源多为城市近郊的居民。

第二，旅游活动依托于特定的时空环境，以农村特有的自然景观和特色生活环境为主要吸引点。

第三，城市居民为了舒缓压力、愉悦身心、了解农村等而进行的旅游活动。

综上所述，乡村旅游是以乡村特有的田园风情与独特的生活环境为核心资源，吸引城市居民到乡村进行的以休闲、度假、观光、娱乐、研学和康养等为目的的旅游活动。

二、乡村旅游发展模式与策略研究

乡村旅游的发展一定要讲究策略，不能盲目发展。我国的乡村旅游起步比较晚，在发展的过程中出现了很多问题，例如，农副产品单一、经营规模小、基础设施不完善、缺乏统一管理、季节性强等，这些问题都需要解决。相关研究者为解决这些问题，从规划、产品、管理、文化等四个方面提出了相应的对策，如根据市场需求，开发特色产品；规范乡村旅游业，统一管理等。

2006 年，国家旅游局白四座主任研究了乡村旅游的经营模式，把目前的乡村旅游发展总结为八种模式，代表性的有："公司+农户"模式、"政府+公司+农村旅游协会+旅行社"模式、政府主导发展驱动模式、以乡村旅游业为龙头的"旅—农—工—贸"联动发展模式、农旅结合模式等。

周玲强、黄祖辉在研究乡村旅游时提出，乡村旅游的观念在西方国家普及得比较早，而在我国则刚刚兴起。我国的乡村旅游发展还存在很多问题。例如，投资少、经营规模小、基础设施不完善、没有良好的市场秩序等。如果要解决这些问题，就需要政府监管、合理规划、加强引导、国家扶持、质量监管、扩大经营、保持特色、活动创新等。

在个别案例的讨论中，韩卢敏等人以黄山风景区周边乡村旅游开发为例，提出应该采取景区边缘型乡村旅游开发原则，在处理景区周边乡村的发展关系上，政府部门要起主导作用；在开发旅游产品的同时，乡村资源和景区资源要形成互补，最终要建立景区观光、乡村娱乐休闲的模式。整体来说，乡村旅游发展和景区发展要同步进行。张利华提出了镇江市开发乡村旅游的一系列对策：首先，要合理利用乡村资源；其次，要做好乡村的宣传推广，提升乡村旅游产品的层次，弘扬当地的特色民俗文化，加强对旅游从业人员素质的培养，进行规范化管理，打造特色乡村旅游产业。

刘如飞、盘晓愚对乡村旅游可持续发展中存在的问题进行了探讨，比如，过度地开发会破坏自然环境，开发后期没有很好地治理污染等。同时，他们也提出了加强游客教育、完善旅游立法、提高村民素质等建议。

彭述林、杨茜在对保定市的乡村旅游进行调查研究时发现，其存在很多问题，主要是旅游活动简单，缺少能吸引游客的内容，经营规模偏小，而且对生态环境造成了一定影响。针对以上问题，他们提出要可持续地发展乡村旅游；保定市必须对乡村旅游进行整体规划，创造出属于自己的特色品牌，可以开发红色旅游项目，同时还要加大景区的宣传力度，提高乡村的服务管理质量。

王健、张悦玲总结了河北及京津地区乡村旅游发展存在的问题，归纳为以下几点：① 相关部门对乡村旅游不够重视；② 相关从业人员缺乏职业素养；③ 景区宣传力度不够。此外，他们对京津地区乡村旅游的可持续发展提出了以下一些建议：首先，要提高对乡村旅游的重视程度，相关经营者要加强对乡村旅游概念的理解；其次，要进行科学、系统的规划，合理布局；最后，要加大宣传力度，促进旅游纪念品的销售，满足游客的精神需求。

宋银萍认为，陕南乡村旅游存在以下问题：缺少长远的发展规划；旅游纪念品种类单一；环境及旅游设施相对落后；缺乏专业管理人员；相关从业者服务意识差。宋银萍对陕南乡村旅游的发展提出了建议，主要包括：科学规划，整合资源；发现自身特色，提高产品质量；加强环境建设，完善基础设施；增加人才储备，提高服务水平。

黄亮发现皖南地区乡村旅游市场初具规模；交通便利；乡村旅游项目不断增多；旅游设施日益完善。但皖南地区乡村旅游在资源保护、市场运营、产品质量等几个方面都存在一些问题。对此，黄亮提出以下建议：应加大对旅游资源的开发力度；加大乡村旅游的宣传力度；增加旅游区的特色景观数量；提高村民参与的积极性。

葛新、唐孝中在文献分析、专家访谈和问卷调查的基础上，运用专业软件和相关技术手段建立了一个乡村旅游可持续发展评价指标体系。该评价指标体系共包含四个部分，即经济子系统、环境子系统、社会文化子系统和发展支持子系统。

尤海涛等在 2012 年提出，要使乡村旅游真正得到可持续发展，必须加大对乡村旅游相关资源的开发力度，明确城乡规划中资源特色型乡村旅游品牌的功能、地位及其未来的发展方向，保证乡村居民应该享受的权利，发挥政府的职能作用，注重与乡村的发展相结合。

杨春燕总结道，乡村旅游的发展一方面可以促进农村经济的发展，另一方面也能够促进社会主义新农村的建设。她建议云南省应注重生态友好型、社区参与型和扶贫型乡村旅游的发展。

总体来讲，我国国内比较关注的是乡村旅游的可持续发展问题，侧重于对乡村旅游资源和发展的分析以及对经营模式和开发项目的研究。相较于国内，国外更多的是从社会学和旅游学的角度去研究、分析，他们更侧重于对乡村旅游者、当地居民的态度、社区参与度等方面的研究，两者区别很大。

三、乡村旅游与农村发展关系研究

乡村旅游与农村发展有一定的关系，乡村旅游可以看作综合性的旅游，包括休闲、娱乐、消费、观赏、体验大自然等。国内把乡村旅游对农村发展的意义归纳为以下几点：提高收入、增加就业、完善乡村基础设施、产品多样化、保护传统文化、带动周边乡村发展等。

乡村旅游与农村经济的发展密切相关，而且乡村旅游在农村经济发展中起着重要的作用。张文等学者把乡村旅游在农村发展中的作用归结为：农民的收入提高，就业机会增多，乡村旅游可以带动周边地区的发展，农产品的消费市场扩大，促进了乡村的基础建设。李德明、程久苗把乡村旅游在农村发展中的作用归结为：增加了农民的收入、调整了农村产业结构、弘扬了传统文化、使农民的生活观念发生变化等四个方面。

从近几年的农民收入情况来看，乡村旅游确实提高了当地居民的收入水平。为了准确分析开展乡村旅游地区的农民收入情况，研究人员对山东省日照市某一乡村的农户进行了相关的问卷调查，经过对所得的实际数据进行比较分析，最终得出结论：一是乡村旅游提高了当地村民的收入，村民的生活水平得到了显著提高；二是村民经营乡村旅游的意识逐渐增强，就业结构发生了变化，村民普遍看好乡村旅游的长期发展形势。

通过分析，我们可以知道，乡村旅游项目的开发改变了乡村居民的传统收入方式，形成了以农业为主要收入来源、非农业收入不断增加的收入形式。乡村旅游扩大了农民的收入来源，极大地促进了农村经济的发展。不仅如此，乡村旅游产业的发展还给农村带来了先进的发展理念与生产技术，推进了产业链的发展，使农产品的价值得到提升。在政府相关扶持政策的支持下，乡村旅游自身的发展前景也很乐观，农民的收入会不断增加。乡村地区有着丰富的农业资源，发展乡村旅游产业可以拓宽当地村民的收入渠道。例如，通过发展乡村旅游项目，村民可以改造原有的鱼塘、果园、林场及牧场等，还可以加强基础设施建设，将乡村打造成休闲观光旅游区。这不仅能提高游客的游览兴趣，还能增加农民的经济收入，进而帮助更多的农民摆脱贫困。

2005 年，邱美云对发展乡村旅游产业与设立乡村产业机构提出了自己的看法，她认为乡村旅游可以改变农产品的传统销售模式，能够减少销售的中间环节。赵承华认为，在“乡村旅游—相关行业—乡镇企业”的产业链上，乡村旅游起着“龙头”的作用，乡村旅游能够带动乡村经济的发展，拓宽农产品的销售渠道。杨敏、白廷斌认为，乡村旅游产业使农村产业结构城市化，充分利用了农村的剩余劳动力，使人们的生活水平显著提高。发展乡村旅游产业，既丰富了旅游项目及内容，又增加了农民的收入。

乡村旅游发展至今，在增加了农民收入的同时，也刺激了国内的消费市场。农民的收入增加了，消费意识也随之增强，消费水平也随之提高，从而拉动了内需，加快了乡村的经济发展，为建设社会主义新农村奠定了良好的基础。

何丽芳在《乡村旅游饮食文化资源开发研究》中认为，乡村饮食文化资源包括各类食物及其加工制品、各种饮食礼俗等，它具有浓厚的地域特色，有着重要的开发价值。相关管理者要加强对乡村饮食文化的挖掘，保持乡村饮食的“自然本味”，突出乡村饮食的文化包装。

曹水群对民族饮食特色产品进行研究后提出，要大力推介特色饮食产品组合，打造民族特色美食街，举办以酒、茶为主题的文化旅游活动，大力开发多元化系列产品等。

陈林提出引入分时度假产品营销模式，通过分时度假产品交换网络，推动西部少数民族地区乡村旅游国际化经营，提升西部少数民族地区乡村旅游层次的基本思路。

四、乡村旅游影响研究

乡村旅游对乡村经济的发展等方面起着重要的作用，但同时也有一些负面影响。乡村旅游作为一种特殊的文化旅游形式，其旅游环境多表现为乡村独有的文化内涵和当地居民生活的乡村氛围。这种氛围一旦被破坏，恢复的可能性非常小。目前，针对乡村旅游负面影响的研究主要集中在对乡村的文化、建筑、环境的负面效应等方面。

（一）对乡村环境的影响

乡村旅游对乡村环境的影响主要表现为环境污染。在乡村旅游的开发过程中，占用耕地、破坏山体、毁坏植被、拆损古建筑等现象层出不穷，乡村旅游环境遭到破坏。

乡村旅游还可能导致农村地区的空气污染、地表水污染及固体垃圾废弃物污染等。随着乡村旅游项目的开发，固体废弃物污染、水污染、噪声污染等对皖南的西递、宏村的生态环境造成了较大的影响。游客进入乡村消费，随之产生了大量的生活垃圾；同时，随着宏村、西递两村旅游接待能力的提高，生活垃圾排放量也随之增加。西递村现在垃圾年排放量达 515 吨，宏村达 577 吨。两村的垃圾处理方式仍以堆放和填埋为主，影响了旅游景区的整体氛围。在水体污染方面，大量生活污水、工业废水未经处理就直接排入河流或渗入地下，使水污染更加严重。旅游使王家皂村社区居民的生活环境发生了改变，一些问题也开始显现。村民对生活环境的满意度逐步降低，村民认为生活污水的排放、垃圾乱扔是影响生活环境的主要因素。

（二）对乡村经济的影响

依绍华从物价上涨、乡村旅游对当地居民收入的影响、工作的季节性特点等方面入手，细致地分析了旅游业的隐性成本对接待地造成的不利影响，指出若盲目地将旅游业列为当地的支柱或是主导产业，将对当地的社会主义新农村建设产生不良影响。宋飞进一步分析了旅游业的排挤性，认为拥有丰富的资源却放弃对其他方面的投入，产生挤出效应，将不利于区域经济的发展。周文丽对旅游与经济增长的关系进行了研究，得出了这样的结论：国内研究方法较为单一，或主要通过计算相关系数、弹性系数、贡献率及灰色关联度等指标，或利用因果检验来探讨二者的关系，较少考虑模型及方法的适用性，样本量较少。

显然，现阶段乡村旅游对乡村经济的影响尚不能揭示一般的经济规律，没有理论支撑，研究缺乏深度，相关的研究仍需进一步深入。

（三）对乡村文化的影响

乡村旅游对乡村文化的负面影响，主要表现在以下几个方面：

首先，一些非本地风格、非本地取材、不符合地方特色的设计和建设，甚至有些乡村旅游项目盲目追求景观的“洋”化和时尚，造成乡村原有景观的破坏。在北京郊区，“游客+农户”逐渐成为一种新的农村住宅形式，随之而来的是传统京郊农村住宅布局的城市化。

其次，功利性的旅游发展观将乡土风俗庸俗化，引起游客对当地文化的误解，导致乡村旅游丧失其应有的魅力。

再次，乡村旅游地的弱势文化被强势的城市文化同化。因城市文化与乡村文化的直接交流以及游客的示范效应，当地村民在生活态度、价值观上发生了很大的变化，致使乡村文化不断受到城市文化的冲击，乡村独有的生活方式也在逐渐发生变化。如乡村旅游的发展对婺源乡村景观产生了明显的影响，乡村形成了“大集中、小分散”的格局、“点—线”式分布十分明显、商业空间与居住空间合为一体，“前店后宿”的现象十分普遍。乡村旅游的迅猛发展使乡村民俗景观逐渐商业化，破坏了自然和谐的乡村人文环境，影响了游客的真实体验。

最后，许多具有较高开发价值的人文景观未能得到很好的开发，景观缺乏创意，文化差异性逐渐模糊。

第三节　我国乡村旅游与经济发展的关系

一、乡村旅游对社会经济发展的影响

乡村旅游对社会最直接的影响体现在经济方面。

从宏观角度来看，旅游业的发展会带来巨大的经济收益。另外，第一产业与第三产业相互渗透融合所形成的新型旅游产业，其发展必然会带动农业及农村相关产业的发展，从而有利于农村资源的综合开发与利用，有利于农业相关产业结构的调整与优化。

从微观角度来看，村民可以从以下几个途径获得经济利益：一是劳务收入，村民成为旅游企业的员工，通过就业获得收入；二是经商收入，村民通过开展与旅游活动相关的经济活动获得收益，如开办家庭旅馆、制作小手工艺品、提供餐饮服务或提供食材等；三是村民通过股份制参与旅游景区开发，以自身拥有的旅游资源作价或投入部分自有资金获得股份后，得到分红。

开发乡村旅游项目也会造成物价上涨，居民生活成本增加。而且，乡村旅游的开发有时难免涉及征地问题，会影响部分传统产业的正常发展，使当地居民被动地改变谋生的方式。同时，当地居民未必能够获得均衡的利益回报，与外界聘请的管理人员相比，当地居民只能从事非技术性或半技术性的工作，收入相对较低。而且由于乡村旅游的季节性非常明显，居民的谋生方式都受到了很大影响。

许多国家发展乡村旅游的经验可以证明，乡村旅游对推动落后农村地区的经济发展起到了非常重要的作用。国内不少地区乡村旅游发展的现状也日益显现其对农村脱贫致富的重要意义。

农业生产的特点是分散性大、周期长，对气候条件依赖性强，易受自然灾害的影响，收益极不稳定，而且农业附加值低。其收益总是低于其他产业，特别是在农业生产规模小的国家，农业收入更到局限，单靠农业很难保证农民生活水平的持续提高。乡村旅游成为农民增收的重要渠道，主要表现在四个方面：一是乡村旅游使许多农民成为从业者，农民可以通过打零工、摆摊零售、办旅馆、开餐馆、加工乡村土特产、参与旅游业经营等来增加收入。二是通过乡村旅游项目的分红等途径增加收入。三是发展乡村旅游，可以充分利用各种资源，提高资源的综合利用效率，使农村自然资源、人文资源在旅游开发中增值。四是旅游可以拉动当地农副产品的消费，降低运输成本，增加农民收入。

乡村旅游为乡村居民创造了新的就业机会，不断拓宽他们的就业途径，不断提高其收入，缩小其与城市居民收入的差距。总之，发展乡村旅游业可以增加非农产业的收入，使部分偏远地区的农民脱贫致富，是彰显乡村资源特色、实现资源价值、实现“生活宽裕”目标的主要手段。

在乡村旅游中，农民获得的收入主要有打工的薪金收入、为农家乐提供农产品获得的收入、参与经营或投资的收入、场地租金收入等。从现阶段乡村旅游发展的实地调查来看，参与经营或投资的收入、场地租金收入在农民总收入中只占很小的份额，不具有普遍性，但乡村旅游促进农民增收的作用是很明显的。

通过对“在农家乐中打工获得的薪金”和“为农家乐提供农产品获得的收入”两个因素在农民收入总额中占的比例来看，农民的年总收入与农民为农家乐提供农产品获得的收入成正比，而且为农家乐提供农产品所获得的收入还成为许多农村家庭的主要收入来源。为农家乐提供农产品获得的收入对农民增收的影响有限，仅占总收入比例的 10%以下，对家庭年收入在1～3 万元的家庭有明显影响；而当比例为 10%～20%时，对家庭年收入为3～6 万元的家庭具有显著影响。

二、乡村旅游与农村经济的关系

从乡村旅游与农村经济之间的关系来看，两者是一种相辅相成的关系，一方面，乡村旅游的发展能够推动农村经济的发展；另一方面，乡村旅游的发展需要大量的资金投入，而这是建立在农村经济发展的基础上的。因此，乡村旅游与农村经济既相互独立，又相互依赖。

（一）乡村旅游与农村经济发展的区别与联系

1. 乡村旅游与农村经济发展相互独立

乡村旅游与农村经济发展是两个相互独立的概念，两者之间并没有绝对的联系，乡村旅游其实只是农村经济发展道路上的一个偶然现象，是诞生在特殊的社会环境之下的。促进农村经济发展是社会主义现代化的基本要求。城市居民因向往农村的生活方式而选择到农村放松、休闲，由此催生了乡村旅游，使乡村旅游成为农村经济发展的一个重要推动力。但这并不意味着农村经济离开了乡村旅游就无法得到进一步的发展。

2．乡村旅游与农村经济发展相互促进

虽说乡村旅游的诞生与农村经济发展并没有必然的联系，但是在乡村旅游诞生之后，它就成为农村经济不可或缺的一部分，两者相辅相成，共同发展。

一方面，随着农村经济的不断发展，农民的生活质量也在不断提高。在这种情况下，农民开始追求生活的品质，同时农村经济的发展使村民能够支配更多的资金，农村的基础设施也在不断地完善。这个时候，城市居民面对千篇一律的生活方式，急需寻找一个新的休闲途径，农村完善的基础设施和独特的乡村文化为城市居民提供了一个良好的选择，从而刺激了乡村旅游的发展。从某种意义上来说，并不是每一个村庄都能够发展乡村旅游，只有那些基础设施比较完善、乡土人情具有特点的村庄，才能够发展乡村旅游，而这些都是以农村经济的发展为依托的。

另一方面，对农村而言，乡村旅游的发展也带来了极大的影响，主要体现在四个方面：一是乡村旅游使农村经济结构中第三产业的比重逐步提高，农村产业结构开始优化；二是乡村旅游需要大量的服务人员，对提高农村地区的就业率有着极为重要的意义；三是乡村旅游也意味着消费，能够增加农民的收入；四是乡村旅游主体是城市居民，城市居民到乡村旅游，必将给乡村带来一些新的思想，这对农村经济的发展也是极为有利的。

3. 乡村旅游与农村经济发展相互制约

乡村旅游与农村经济的发展相辅相成，但是两者之间也存在一定的制约关系，主要体现在以下两个方面：

第一，从农村经济发展的角度来看，乡村旅游的发展虽然为农村经济的发展提供了极大的帮助。但是随着游客人数的增加，农村的环境必将受到一定的冲击。如此一来，当农村失去了对游客的吸引力之后，农村经济发展的速度会大幅下降。

第二，从乡村旅游的角度来看，在发展乡村旅游的过程中，城市文化的大量涌入会对乡村文化造成一定的影响。这种影响会使村文化逐渐失去特色，成为城市文化的“附庸”。如此一来，乡村旅游也就失去了价值。因此，在发展乡村旅游的过程中，我们必须要平衡好两者之间的关系。

（二）乡村旅游对农村经济发展的作用

1. 乡村旅游对农村经济发展具有积极作用

具体而言，乡村旅游对农村经济发展的积极作用主要体现在以下四个方面：

第一，乡村旅游能够促使农村经济结构优化。一般来说，游客多是消费层次较高的城市居民。而在大多数情况下，农村的社会经济环境是很难满足游客的需求的，这就促使乡村经济不断地优化自身，以满足游客的需求。因此，乡村旅游的发展并不是简单地涉及第三产业。对农村经济而言，乡村旅游的发展对第一、第二、第三产业的影响是十分显著的。例如，乡村旅游中的农家乐和休闲观光旅游等能够促进农村第三产业的发展；乡村旅游中的生态采摘园则能够促使农业转型升级；游客对各种纪念品的需求则能够促进农村第二产业的发展等。

第二，乡村旅游提高了农民的就业率。我国是一个农业大国，提高农民的就业率一直以来都是解决“三农”问题的关键所在，而乡村旅游的发展对提高农民的就业率有着积极的意义。例如，乡村旅游涉及的交通运输业、餐饮业、现代农业等都是典型的劳动密集型产业，乡村旅游可以促进这些产业的发展，也就意味着能够为农村提供更多的就业岗位。这样一来，那些因农闲季节闲置在家的农村劳动力就得到了妥善安置。

第三，乡村旅游能够完善农村的基础设施。并不是每一个村庄都能够发展乡村旅游的，乡村旅游的兴起与农村的经济水平有着一定的关系。由于到乡村旅游的游客大多来自城市，而城市的基础设施较为完善，游客对旅游环境（如住宿、网络、停车场等）的要求就会相对较高。如果农村不采取措施解决这些问题，那么很难吸引游客，乡村旅游也就很难发展起来。因此，从某种意义上说，乡村旅游的发展过程本身也是一个基础设施建设逐步完善的过程。

第四，乡村旅游推动了农村经济的可持续发展。乡村旅游的发展离不开农村地区的生态环境和自然资源，而自然资源又是不可再生的。因此，我们在发展乡村旅游的同时，必须注重生态环境和自然资源的保护。人们为了使乡村旅游能够不断地发展，必然会重视对本地自然环境的保护。相关政府部门在发展乡村旅游的过程中需要对当地的旅游资源进行合理的规划与利用，避免旅游活动对资源环境的破坏，保护农村地区的乡土人情，从而实现乡村地区经济的可持续发展。

2. 乡村旅游对农村经济发展的不利影响

对农村经济而言，发展乡村旅游所带来的负面影响主要集中在以下三个方面：

第一，乡村旅游对农村的生态环境造成了破坏。近年来，乡村旅游之所以较受城市居民欢迎，在很大程度上是因为农村的生态环境比城市好。但是随着游客的大量涌入，乡村的生态环境也开始遭到破坏，导致这种现象产生的原因是多方面的。一方面，游客的增加意味着生活垃圾的增加，而农村的污水和垃圾处理设施本身并不是很完善，大量增加的生活垃圾和污水无法得到有效处理，从而对农村的水体、土壤等造成巨大破坏；另一方面，由于农村距离城市较远，因此，自驾游是乡村旅游最为常见的一种方式。而这不仅导致当地交通拥堵，还导致当地空气污染。此外，部分游客的不文明行为也是乡村生态环境遭到破坏的一个主要原因。

第二，乡村旅游造成当地物价上涨，不利于农村经济的发展。从理论上来说，作为农村的主人，农民是乡村旅游资源的提供者，也应当是乡村旅游发展的最大受益者。然而，事实并非如此，对很多农民而言，乡村旅游并没有给自己的生活带来太大的改变，原因在于以下两个方面：一方面，游客大量涌入乡村，带来的直接后果就是乡村产品需求大于供给，导致农村的物价开始逐步上升，农民采购货物的成本也开始上涨，农民就不再是乡村旅游的最大受益者；另一方面，当一个地方成为乡村旅游的热点之后，必然会引起企业家的注意，大量资本的进入会导致农民毫无竞争优势，农民很难从乡村旅游中获得收益。久而久之，发展乡村旅游的热情就会下降，农村经济发展速度也会放缓。

第三，乡村旅游破坏了当地的文化，不利于农村经济的发展。乡村旅游在发展过程中，给当地文化造成了巨大的冲击。城市文化强有力地影响着经济欠发达的乡村旅游地的弱势文化，并极有可能会同化乡村文化。另外，受当前经济发展模式的影响，部分地区同质化发展严重，这极大地破坏了乡村淳朴的原有文化，不利于社会的经济发展。同时，随着旅游经济的发展，受商业利益驱动和人口流动的影响，乡村中出现了一些不良现象，扭曲了乡村文化，致使农村在发展中丧失了文化优势，不利于农村的经济发展。

（三）农村经济发展对乡村旅游的作用

1. 农村经济的发展，为乡村旅游的发展提供各种物质保障

良好的农村经济是乡村旅游发展的重要物质保障。国内乡村旅游发展较好的地区都位于东部经济较发达的区域，原因就在于这些地区的农村经济发展较好，拥有更多的资金来建设基础设施，能够通过加大宣传力度，满足游客的需求。反之，西部地区的农村虽然在文化上更有特色，但是由于交通不便、公共医疗条件较差等问题，很难吸引游客。归根结底，这都是农村经济发展较为落后造成的后果。

2. 农村经济的发展，促进了乡村旅游产品和服务的多样化

没有需求就没有供给，消费者的需求决定了产品的类型。在发展乡村旅游之前，农村的产品供给以生活产品为主；但是在发展乡村旅游之后，面对游客的多样化需求，农村的产品结构也在逐步地改变，娱乐性产品的数量与种类开始增多。例如，以往农村的产品供给多以蔬菜水果为主，但是为了吸

引游客，袖珍大白菜、方形西瓜等产品被开发出来，这都是农村产品多样化的直接体现。

第四节　国外乡村旅游的发展

一、国外乡村旅游的发展历程

乡村旅游自萌芽以来，距今已有一百多年历史。国外的乡村旅游业在 20 世纪 70 年代末至 80 年代初达到鼎盛时期。目前，欧美发达国家的乡村旅游已走上了规范发展的轨道，成为一种高档次的旅游度假活动，显示出极强的生命力和越来越大的发展潜力。

（一）起步阶段

国外乡村旅游的起步阶段经历了较长的时间，英、法等国甚至超过一百年。此阶段表现出的共同特征为：

第一，以田园观光为主。城市人开始认识到农业旅游的价值，并参与乡村农业旅游，伴有野营、打猎、钓鱼、散步、骑马等游戏，以及参观历史与文化遗址等休闲方式，活动形式相对单一。

第二，小规模经营。乡村旅游的初始阶段是在对现有房舍稍加改造的基础上发展起来的，以一家一户的家庭经营为主，经营规模较小。如西班牙的乡村旅馆等。在以色列乡村旅游发展之初，农户为旅游者提供的服务主要是“床铺+早餐”，平均每个农户提供 8 个床位。这种小规模经营使乡村旅游收入只能作为农户农业收入的一种补充。

第三，客源以本地城市中等收入家庭为主。鉴于游客的可支付能力和对旅游的认知，初期的游客以本地城市中等收入家庭为主，他们大多以周末出游的方式到周边乡村旅游地亲近自然、放松身心，以释放城市生活的压力。乡村休闲仅局限在乡村聚落，特别集中在教堂、酒馆、市场等。同时，以家庭为基础的休闲行为与出生、婚嫁和丧葬等社会事件相联系。

（二）发展阶段

进入 20 世纪中后期，国外乡村旅游进入快速发展阶段，具有代表性的是欧洲、北美各国及日本等经济较发达的国家。该阶段乡村旅游的主要特征为：

第一，游客趋向大众化。乡村旅游的发展与社会经济的发展水平密切相关，经济的迅速发展使游客不再局限于城市中等收入家庭，而是逐渐趋于大众化和平民化。

第二，乡村聚落与乡村休闲活动、乡村旅游之间的关系发生了巨大的变化。在很多地区，乡村旅游与休闲娱乐活动从最初的被动发展到主动发展，进而成为改变和塑造乡村景观、乡村社区的主要因素。这种变化备受全球关注。西班牙、法国、美国、加拿大、日本等发达国家纷纷开始对乡村旅游的主题以及乡村旅游对农民收入的影响进行分析，其中也包括对乡村旅游的负面影响研究。

（三）提高阶段

20世纪80年代以后，国外乡村旅游步入提高阶段。游客追求的是一种个性化的精神享受。这一阶段的主要特征为：

第一，乡村旅游由观光功能向休闲、度假、体验多功能扩展，项目更加专业化和个性化，人们在休闲娱乐的基础上开始追求更高层次的享受。传统的乡村聚落不再符合乡村旅游的发展趋势。乡村旅游项目在传统旅游活动的基础上，也延伸到了如健身、滑雪、探险、滑翔、主题活动、商务活动、文化活动、野外生存、定向越野等，国际乡村旅游的概念与内涵发生了巨大变化。

第二，需求的变化使供给发生了变化，乡村旅游产品的经营开始注重专业化和品牌化。在德国、奥地利、英国、法国、西班牙、荷兰等欧洲国家，乡村旅游产业已具有一定的规模，开发出了各具特色的乡村旅游纪念产品，并已走上规范化发展的轨道。

二、工业革命与乡村旅游

人类从事的乡村旅游活动，具有悠久的历史，最早可以追溯到世界上第一座城市建立之日。不过，当时的乡村旅游是一项以自发的、无组织、短距离、小规模为基本特征的古老而传统的乡村旅游活动。站在历史发展的高度去考察，我们认为，对近代乡村旅游的产生和发展产生革命性影响的直接推动力，是 18 世纪发生在英国的第一次工业革命。

（一）工业革命对乡村旅游的影响

如果站在历史的高度对近现代旅游发展进行考察，我们就可以发现，工业革命是近现代旅游发展的一个主要推动力。自 18 世纪工业革命以来，世界各国的社会经济结构发生了巨大变化，使旅游活动无论是内容还是形式都发生了巨大改变，从而催生了乡村旅游这一旅游新形式。具体而言，工业革命对乡村旅游的影响主要体现在以下三个方面：

1. 工业革命为乡村旅游的兴起提供了社会限定因素

所谓社会限定因素，指的就是发生旅游行为的社会必备因素。事实上，无论是乡村旅游还是其他旅游形式，要进行旅游活动必须具备两个基本条件：一是游客要有一定的能够自由支配的购买能力，二是游客要拥有一定的可支配时间，两者缺一不可。而工业革命的出现与发展恰好为人们提供了这些条件。一方面，工业革命带来的一个直接影响就是社会生产力的大幅度提高，社会生产力的提高也意味着社会财富的增加，人们用于旅游的支出也在逐步增加，从而刺激了乡村旅游的兴起。另一方面，在资本主义生产方式下，人们为了改善自己的生活环境，不断地与资本家进行斗争。经过激烈的斗争，人们获得了带薪休假的权利，这样便拥有了可支配的时间去旅游。总的来说，对近现代旅游而言，工业革命带来的影响集中体现为将以往只有少数群体能够享受的活动变成了大众活动。

2．工业革命对城市化带来的影响

从某种意义上说，工业化进程其实也是城市化进程。在工业革命的影响下，人口数量开始大幅度增加，同时人口也开始不断地向城市集中。城市人口的激增，刺激了国内旅游市场。由于城市人口的人均收入远远高于农村人口，这就为旅游市场准备了庞大的客源群体。在人口大量增加的同时，许多国家都发生了大规模的人口迁移运动。由于城市里工业和服务业的兴起，农村地区大量的人口朝着城市不断迁移，因为只有城市才能提供足够的就业机会。大量人口进入城市，为以后乡村旅游的萌芽提供了社会基础。

3．工业革命促使交通工具的变革

工业革命使人们进入了蒸汽、电气时代，空间对人们的束缚力在不断地削弱，从而为近现代旅游的发展提供了条件。事实上，人类一直都有旅游的传统，在以往由于交通不便，人们只能就近旅游。从工业革命之后，人们的旅游地点开始遍布世界。

（二）工业革命促进了旅游观念的发展

在18世纪以前，真正意义上的旅游和度假是不存在的。因为在这个时期，无论是富人或穷人，地主或农民，都被传统的农耕思想束缚，无法把生活分为工作和休闲两部分。18世纪中晚期以后，世界进入了近代工业革命时代，由于社会经济结构发生了根本性的变化，人们的观念也随之发生了很大的改变。而这种改变建立在两个重要的社会发展趋势的基础上：一是社会经济由简单、原始的农耕经济走向近代化的大机器生产时代；二是在近代工业革命时代，人们固守家乡的传统思想开始发生改变。在这两种趋势的影响下，近代旅游活动的兴起才有了认识基础。

工业革命和城市化进程极大地改变了人们的生活环境和工作条件，使人们渐渐开始面对自然环境遭到破坏、城市污染和交通拥堵、心理负担加重等严峻的社会现实问题。英国和美国都曾发生过严重的环境污染事件，给人们带来了严重的心理恐惧。为了避免因发展经济而对环境造成破坏，进而影响生活质量，人们迫切需要改变生活方式，追求和向往宁静的生活环境。19世纪中叶以后，外出旅游度假之风开始兴起。

（三）工业革命促进新的旅游方式的形成

社会经济的迅速发展、交通设施的不断完善、旅游费用的不断降低、旅游地点配套设施的逐步完善，都使得旅游形式不断地改变。总的来说，旅游活动大致可以分为以下三种类型：

1．观光旅游

观光旅游是一种十分常见的旅游形式。所谓观光旅游是指以欣赏自然与人文风光为主的旅游活动。例如，人们到海滨、峡谷、农村、山区、江河湖泊等地去欣赏优美的自然人文景观等。

2．商务旅行

商务旅行基本由两种形式构成：一是在当时出现了财产不依附于土地的新兴债券持有者和金融中间人，改善后的交通极大地方便了他们来往于国内，甚至海外地区；二是伴随着资本主义国家国内外贸易的发展，以采购原材料和推销产品为主的商务旅游活动开始盛行，并成为人口流动中一支不可忽视的力量。由于经济的持续发展，商务旅行这种形式在当时较为普遍。

3．度假旅游

新兴资产阶级是近代度假旅游的最早参与者。他们拥有大量的生产资料，既有金钱又有时间，度假活动对他们及其家属而言已经成为特定的社会消费需求。正是由于这些社会因素，近代新兴资产阶级把前往农村、矿泉浴场等地度假当作一种固定的生活方式。

因此，基于19世纪中叶以后出现的旅游方式，我们可以得出这样的结论：当时已经出现了乡村旅游，当时的乡村旅游主要分为观光型、商务型和度假型三种形式。

三、国外乡村旅游的发展案例

（一）法国乡村旅游发展概况

20世纪70年代，旅游产业在法国兴起。乡村旅游行业正式踏入国家门槛的标志是1953年法国成立的农会常设委员会（APCA）。在此之后，APCA成为法国发展乡村旅游的新领航。在法国乡村旅游向国际化、标准化发展时，应国民请求，法国于1988年设立了农业及旅游接待服务处，法国人民亲切地称其为法国旅游业的新开端，这是法国乡村旅游业历史性的转变。这个农业旅游接待服务处的成立为法国人民提供了方便，并且逐渐形成网络，其中包括农场客栈、点心农场、农产品农场、骑马农场、教学农场、狩猎农场、暂住农场和露宿农场。这个便民的旅游接待服务处可以为法国人民提供多种服务。

法国在乡村旅游业发展的基础上，决定每年组织大型的博览会。博览会被法国政府命名为“欢迎莅临农场”博览会，受法国 APCA 组织控制。APCA 将博览会的内容制作成手册供法国人民翻阅，并规定每一届博览会为期两天。

法国乡村旅游业由此逐渐发展壮大，据可靠数据来源统计：法国在 2005 年创造了高达 560 万旅游人次的记录。乡村旅游人数占法国旅游人口总数的 34%，与其他旅游形式相比，乡村旅游业越来越受法国人民的欢迎，并为法国经济带来了不一样的“春天”，法国乡村旅游业发展繁荣昌盛，归根结底是法国旅游活动设计者采用了不一样的设计理念。

法国乡村旅游业发展至今，法国政府也做出了很大努力。

1．有机结合市场经济和干预机制

法国政府采用干预机制，将市场经济和干预机制有机结合起来。法国政府经过多年研究，总结了乡村旅游业的发展经验，决定将“假期绿色居所计划”与 APCA 组织的“欢迎莅临农场”博览会的模式充分结合起来。这一举措极大地促进了法国乡村旅游业的发展。

2．采用“农户+协会+政府”的乡村旅游供给模式

法国政府采用“农户+协会+政府”的乡村旅游供给模式。法国政府推动法国人民加入这一模式中，在“欢迎你到农庄来”“农家长租房”“农庄的餐饮与食宿”中体验国家政策给人民带来的快乐，在发展乡村旅游业的同时，也不忘帮助人民致富。法国政府认为，发展国内经济，就要从发展旅游业开

始，乡村旅游业是法国旅游业发展的关键，把握乡村旅游业的发展方向不仅能给人民带来快乐，也能发展国家经济。因此，法国政府为乡村旅游业的发展提供了相应的扶持政策。

3. 尊重当地居民的意愿

发展乡村旅游的过程中充分尊重当地居民的意愿。法国政府尊重人民的意愿，要求没有人民的许可，不得随意占地开发旅游资源。

4. 推行乡村旅游产品质量认证制度

法国政府在推行乡村旅游业的同时，讲究绿色环保，在开发与乡村旅游业相关的餐饮、食宿、购物等方面都充分考虑了人民的意愿。

5. 围绕“乡村特色”开发乡村旅游产品

法国政府围绕“乡村特色”开发乡村旅游产品。法国政府发展乡村旅游业时注重“乡村”特色，例如，在旅游住宿处设置具有该地特色的物品。此外，法国餐厅中还配备有法国特色的旧椅子等，让前来旅游的游客一饱眼福。在此基础上，法国政府要求在发展乡村旅游业的同时，也要将古老的法国建筑遗产融入乡村旅游活动中。

6. 营销和开发并重

法国在开发乡村旅游业的同时，也注重将营销手段融入乡村旅游业中来，一方面提高人民收入，另一方面扩大乡村旅游业的辐射范围。

7. 细化旅游市场

法国政府在拓展乡村旅游业市场时，也将市场细化。例如，政府可以将休闲农场细化为农产品农场、骑马农场、教学农场、探索农场、狩猎农场和露宿农场。政府提供种类繁多的农场类型为法国人民提供多样化的旅游选择。在住宿类型上，法国政府为旅游出行的人们提供了由低到高的住宿选择，既有豪华的住宿地，也有价格便宜的住宿地。

（二）西班牙乡村旅游发展概况

在欧洲众多国家中，西班牙堪称是山最多的国家之一。从这一点上来看，西班牙是最适合发展乡村旅游的国家，西班牙政府也极力推动本国的乡村旅游业发展。乡村旅游业兴起于西班牙，西班牙也是发展乡村旅游业的典型。19 世纪 50 年代，西班牙开始发展乡村旅游业，乡村居民将游客送至乡村旅馆入住。20 世纪 80 年代，西班牙乡村旅游业的发展进入全面起步阶段。在这之后，西班牙的乡村旅游形成了快速发展的良好势头。西班牙的乡村旅游之所以能够迅速发展，一方面是因为西班牙的地域特点适合发展乡村旅游，另一方面是因为西班牙人民喜欢旅游。

西班牙乡村旅游业十分繁荣，在西班牙市场经济中占据首要地位。如今，西班牙主要发展休闲旅游，并将休闲旅游作为西班牙乡村旅游业发展的主要产品类型。休闲旅游的特点是季节性明显。西班牙在休闲旅游方面推崇“阳光与海滩”。然而，到了冬季，由于气候的原因，部分企业不得不因为游客的减少而辞退员工，西班牙的乡村旅游业也因此受到影响。为了解决这一问题，西班牙政府出台了相关政策，并投资本国的乡村旅游业来帮助西班牙乡村旅游业发展。同时，政府还支持西班牙乡村旅游业转向网络化经营，通过与网络技术的融合，使乡村旅游业逐渐繁荣起来。

西班牙政府借鉴了发达国家的经验，投入资金建设新农村，尽心竭力地完善农村基础设施。在此基础上，政府还完善了乡村的交通设施，投入大量资金修建道路。政府加大力度调整农业产业结构。例如，建立乡村旅馆。为了吸引更多的城市游客前来旅游，政府还大力发展休闲农业。在 1992 年到 1998 年期间，政府通过制定一系列政策，使西班牙的乡村旅游业有了起色，乡村旅馆的数量也由 36 家变成了 7000 多家。由此说明，政府的干预起到了一定的效果。

西班牙依靠本国的地域优势不断推动乡村旅游产业的发展。1988 年后，西班牙政府开始出资建设乡村旅游业的基础设施。发展至今，西班牙的乡村旅游业每年吸引世界各地的游客来西班牙旅游，感受乡村风光。

（三）加拿大乡村旅游发展概况

加拿大乡村旅游业的主打特色是乡村美食文化和农业文化，鼓励游客参加农业博览会，将传统的乡村节日融入乡村旅行。与大城市不同的是，游客在这里可以感受到自然风光，感受乡村文化的魅力。

在加拿大，人们爱好美食。在制订美食计划时，加拿大的旅行社充分尊重游客的意见，同时不断创新，让游客感受到不一样的美食文化。导游在带领乘客欣赏乡村风光的同时，也带领旅客寻找食材。加拿大因地理位置的优势，有许多本土文化，还有多种土特产。导游依据旅客的喜好，带领旅客寻找土特产。这样充满个性化的旅游项目，博得了旅客的喜爱。

（四）瑞典乡村旅游发展概况

乡村旅游自 20 世纪 90 年代就开始在全世界各地流行起来。瑞典依据本国的气候特点也制定了一些乡村旅游行业的发展方案。瑞典的森林面积占国土面积的 50%，独特的地理环境，湖泊遍布。此外，瑞典也拥有优质的生态环境，成为最适合发展乡村旅游的国家之一。

为了更好地发展乡村旅游产业，瑞典政府鼓励将个人住宅作为旅客的旅游住所，而且多数瑞典家庭都拥有两套以上的住宅，空闲的住宅很适合发展乡村旅游。在瑞典，这种住宅多建立在岛上或者水边，为游客提供了一个优质的旅游环境，游客可以钓鱼、观景等。

瑞典的民族节日繁多，瑞典政府利用这一点来吸引更多的游客。例如，五朔节、仲夏节、露西亚女神节等。游客可以在这几个特殊的节日一起加入当地居民的狂欢中。

为促进乡村旅游业的发展，瑞典投入了很多资金，主要体现在乡村的基础设施建设上。瑞典政府注重发展本国文化，在乡村文化的建设上也投入了大量资金。

在瑞典，政府为了方便游客查找乡村旅游的项目，在国内建立了旅游信息服务中心。旅游信息服务中心安排了一定数量的工作人员，来专门回答旅客的问题。据不完全统计，在瑞典，像这样为旅客带来方便的信息服务中心共有 500 多个。信息服务中心一方面为旅客带来了方便，另一方面也因为为游客提供了便捷的服务，从而吸引了更多的游客前来，促进了瑞典 GDP 的增长。

（五）韩国乡村旅游发展概况

与其他发达国家相比，韩国风景独特，山川秀丽，拥有独一无二的民俗风光，数量众多的沙滩、山泉、小溪吸引了来自世界各国的游客。与此同时，韩国的民俗节日也极具特色。在韩国的民俗节日中，最具民族特色的是“泡菜节”“人参节”“鱼子酱节”和“漂流节”。这些具有乡土特色的韩国节日一方面展现了韩国乡村的风采，另一方面也给游客带来了很多乐趣。在此基础上，韩国的乡村旅游业不断推陈出新，如推出了主题乡村旅行等活动。在韩国政府制定的“韩定食”和“茶园”旅行主题活动中，旅行社安排游客走到哪里看到哪里、吃到哪里，游客还能体验到茶园文化，感受不一样的韩国文化。旅客也能在导游的带领下参加乡村劳动，感受不一样的风土人情，促进城市与农村的文化融合，使游客感受原汁原味的乡村文化，将乡土文化、自然生态文化融入城市生活中。

在韩国政府的支持与鼓励下，一些韩国居民建立了家庭旅馆。所谓家庭旅馆就是将游客带到家中，在韩语中称作“民泊”。韩国人民依靠政府出台的家庭旅馆政策营利，在这样的政策扶持下，韩国乡村旅游业逐渐形成了市场效应，为韩国带来了丰富的税收。韩国对家庭旅馆有特殊的要求，即每个家庭旅馆的房间不得超过 7 间。此外，政府鼓励韩国居民创造额外收益，获得的收益不参与国家税收。为此，韩国还成立了民泊协会，目的是更好地组织和建立家庭旅馆。

（六）日本乡村旅游发展概况

作为乡村旅游大国，日本在发展乡村旅游的过程中也获得了很好的收益。在日本政府大力宣传乡村旅游的背景下，日本国民每年都会参加乡村旅游。据调查，乡村旅游业创造的利润在日本市场经济份额中占有一定的比重。日本人民对乡村旅游也十分热衷，这样的旅游能够吸引更多的游客前来旅游。日本政府提出要加快乡村旅游的发展，推行具有日本传统特色的乡村旅游模式。

在日本，乡村旅游可以分成两种类型：观光型和休闲度假型。

在观光型旅游模式中，日本政府注重游客的精神享受，主要是将乡村的农副产品和乡村景观结合，政府专门设立郊区采摘区，游客在享受乡村风光的同时可以采摘水果。从分配情况看，采摘园集中在关东甲信越地区；从经营类型来看，除了80%的采摘园为个人经营外，其他的都是“农协”共管，经营者根据自身的情况来决定适合自己的经营方式。

在休闲度假型旅游模式中，日本政府利用本国的自然资源来提升乡村旅游业的吸引力。比如，利用日本的自然风光来吸引游客，日本的乡村旅游越来越受欢迎。日本的休闲度假项目主要以休闲农场为主，导游带领游客参观农场，农场以种植蔬菜瓜果为主，游客在这里感受到劳动带给人的力量，体会到劳动的快乐，享受乡村旅游带来的快乐。日本政府也在这种模式的基础上提倡和鼓励农场设置景区、服务区，以便给游客提供更好的服务。

日本政府主要提倡观光型旅游，观光型旅游以农业体验为主，可以将其细化成农业观光体验旅游、渔业观光旅游、乡村自然风光旅游等。日本人民更加喜欢观光型旅游，一站式体验将所有风光尽收眼底，不但能够体验乡村风光，而且能体会在农村劳动的乐趣。而休闲度假旅游又分为回乡探亲度假旅游和乡村运动保健旅游。这些旅游模式丰富了日本乡村旅游的项目选择，随着日本乡村旅游的不断发展，这些旅游类型越来越受到日本人民的喜爱。

在日本的农业观光体验旅游项目中，游客通过体验农村劳动感受乡村生活的乐趣。例如，挤牛奶、放羊、采摘果蔬等。近些年来，随着乡村旅游业的不断发展，农具展览馆等新旅游参观项目不断涌现，游客通过观看农具体会乡村劳动的辛苦，感受农村的生活氛围。而农民通过租借农园、农具等，获得收入。

在农业观光体验旅游不断发展的同时，日本在 20 世纪 90 年代兴起了渔业观光旅游项目。日本政府将渔业发展成旅游项目，推出了一些新型的参观模式，促进了当地经济的发展。

除此之外，乡村自然风光旅游也进入了游客的视野，一些乡村利用本地自然风光制定旅游项目。

回乡探亲式旅游的兴起主要有两方面原因：一方面是，日本人口多来自农村，根据日本的风俗习惯，每到盂兰盆节，人们就会回乡祭祖、扫墓，每年一次，大批的城里人在那一天涌入乡村，这在日本当地被称为“U-turn 现象”；另一方面，日本人十分恋家，尽管大批的日本人通过自身努力进入城市，但还不忘与家乡人联系。在日本，这种旅游形式被亲切地称为“寻根旅游”。

另外，乡村休闲度假旅游中还有乡村运动保健旅游。日本推崇高尔夫、滑雪运动，并将远足、狩猎、露营、钓鱼等活动添加到这个类型的旅游中，让人们充分感受参加乡村旅游的乐趣。此外，日本政府在这一类型的旅游中还增加了特色料理和传统客房，吸引了不少海内外游客。

四、国外乡村旅游的发展特点

（一）乡村旅游在欧洲的发展特点

1．意大利

意大利比较成熟的乡村旅游项目主要有农场度假、农场观光、乡村户外运动、乡村美食旅游等。其中，手工制作、古文化体验、乡村节日之旅、品尝乡村美食、骑马等，都是很受欢迎的项目。

与其他国家相比，意大利的乡村旅游发展主要有以下四个特点：

（1）乡村旅游规划十分科学。意大利乡村旅游并不是独立发展的，而是全国统一的，根据不同的旅游资源来规划旅游专题线路，保证游客能够享受乡村旅游的乐趣。

（2）成立专门的旅游协会，如“农业与旅游协会”是意大利乡村旅游管理的一大特色。

（3）乡村旅游的管理是农业部门而不是旅游部门的职责，农业部门承担着对乡村旅游进行资助、管理和引导的责任。

（4）政府在乡村旅游发展中发挥着极大的作用，而不是单纯地依靠市场经济来发展乡村旅游。

2．西班牙

目前，西班牙的乡村旅游项目主要有房屋出租、别墅出租、乡村观光、骑马、登山、漂流等。85%的西班牙城市居民都有在周末自驾到农村休闲放松的习惯。

与其他国家相比，西班牙乡村旅游主要有以下三个特点：

（1）西班牙乡村旅游十分重视主客之间的交流和游客对农村生活的体验。在进行乡村旅游时，游客的衣、食、住、行与农村居民并无区别，通过与主人共同生活来体验农村生活。

（2）西班牙乡村旅游注重单一与灵活性的结合。单一指的是乡村旅游多以农场为主，灵活性指的是农场可以根据游客的需求开展各种旅游项目。

（3）西班牙乡村旅游十分重视传统习俗的渗透，这也是其对国际游客有着强大吸引力的主要原因。

3．法国

法国的乡村旅游项目包括农场客栈、农产品市场、点心农场、骑马农场、探索农场、狩猎农场、露营农场等，形式十分多样。

法国的乡村旅游别具一格，具有以下四个特点：

（1）不同于其他国家在一个农场内开展多个乡村旅游项目，法国的乡村旅游项目明显更具有专一性。例如，狩猎农场只提供基本的住宿和餐饮服务，以打猎为主等。

（2）为了促进乡村旅游的发展，法国政府专门出版了相关的宣传手册，这在其他国家是不多见的。

（3）法国乡村旅游农场的建设是统一规划的。20世纪末，法国推出了“农庄旅游”计划，帮助1.6万户农民建立了家庭农场。

（4）法国乡村旅游实施本地化策略，即政府鼓励当地居民积极参与到乡村旅游中，并提供相应的指导服务，其他组织进入本地乡村旅游项目的难度较高，从而保证了本地居民能够从乡村旅游中获得最大收益。

（二）乡村旅游在北美的发展特点

1．美国

美国乡村旅游的主要类型有观光休闲农场、农场度假和家庭旅馆等。观光休闲农场是集观光旅游和科普知识于一身的参观农场活动；家庭旅馆主要分为乡村家庭旅馆和城市家庭旅馆。20 世纪 60 年代末，这两种形式的家庭旅馆在美国都很盛行，尤其是 80 年代后，得到了迅速的发展。外出用餐、购物、游览名胜古迹、划船、打猎、骑马、骑自行车、登山等都是美国游客喜爱的乡村旅游活动。

美国的乡村旅游具有以下七个特点：

（1）减少中间环节，提高经济效益。2000 年，美国夏威夷州有 5500 个农场从事农业旅游，全州农业旅游产值中有 1/3 来自农产品的直接销售。

（2）举办乡村旅游巡回展览和专题研讨会议，向全国的农牧业生产者提供乡村旅游知识培训，鼓励所有农牧业生产者加入协会和组织。

（3）政府在资金和政策上给予大力扶持，向从事乡村旅游的个人和团体提供优惠贷款和补贴，提高经营水平和抗风险能力，同时也制定了严格的管理法规。

（4）发挥非营利性组织的作用。1992 年，美国正式出台关于乡村旅游与商业发展的国家政策，并建立非营利行业组织——国家乡村旅游基金，从事项目规划、募集资金、发放资助等活动。

（5）切合实际，瞄准国内市场，特别是周边城市的居民。乡村旅游的发展主要是靠国内居民，特别是乡村周边城市居民的带动。美国在选择乡村旅游目标市场上着重打好“本地牌”。

（6）注意突出地方特色，在市场定位和宣传上从本地资源特色和文化历史中挖掘题材，突出与众不同的“卖点”。

（7）通过节日营销等活动，树立本地乡村旅游品牌，进一步拓展乡村旅游市场。

2．加拿大

加拿大是世界上第一个推出现代意义上的乡村旅游活动的国家。虽然其他国家早有乡村旅游项目，但是受时代的限制，他们的乡村旅游与传统的旅游并没有太大的区别。而加拿大则是第一个实现乡村旅游从传统向现代转变的国家。

加拿大的旅游活动项目包括乡村美食之旅、乡村农业文化、乡村农业展览、乡村传统节日庆祝活动、主题农业之旅，以及在农场或牧场住宿或参加骑牛比赛等。

加拿大的乡村旅游有以下四个特点：

（1）合理规划，规范管理。加拿大的乡村旅游之所以能取得巨大的成功，为当地经济的发展作出巨大的贡献，是因为这个国家在乡村旅游发展初期就进行了合理的规划。这集中体现在加拿大政府主动将发展旅游业的权力下放到地方政府，以保证地方政府能够根据本地区的实际情况开展旅游项目。因此，纵观加拿大的乡村旅游，我们可以发现其主要特点是不存在千篇一律的现象，这与当地政府深度挖掘本地的经济文化特点有着密不可分的联系。

（2）社区居民积极参与。作为乡村旅游的主体，农民的参与积极性对乡村旅游的发展有着十分重要的影响。而加拿大乡村旅游迅速发展成为现代乡村旅游的一个代表，与当地居民的支持有密切的关系。在开展乡村旅游项目之初，当地政府就采用多种方式来进行宣传，使得当地居民切实了解发展乡村旅游的利弊。在经过仔细思考之后，大部分居民对乡村旅游都持肯定态度，其积极性自然较高。例如，加拿大梅森波特利地区的居民就非常支持当地乡村旅游业的发展。他们为游客提供了当地独特的自然文化资源，并通过开设旅馆、饭店、手工艺品店，开辟露营地以及提供运动设施等来支持和促进旅游业的发展。

（3）游客具有较强的生态环境保护意识，这是加拿大乡村旅游的另一大特色。大量游客的涌入必然会对农村地区的生态环境造成一定的破坏，而这种现象在加拿大基本不存在，这与游客的生态保护意识有着密切的联系。例如，在加拿大，游客为了保护生态环境，让其他人也能够享受到大自然的恩赐，在旅游时都会主动带着垃圾袋，真正做到了“留下的只有脚印”，甚至部分游客主动捐钱捐物来帮助当地人保护生态环境。

（4）重视乡村生态环境的可持续发展。一般来说，旅游区的生态环境都较为脆弱，很多旅游地的生态环境极易遭到破坏，加拿大的生态环境也不例外。加拿大之所以在发展乡村旅游之后，仍然能保持良好的生态环境，是因为当地政府重视乡村生态环境的可持续发展，不采取“杀鸡取卵”的方式来发展乡村旅游业。

（三）亚洲乡村旅游的发展特点

1. 日本

日本的乡村旅游主要类型有观光农园、市民农园、农业公园、乡村休养活动、交流体验活动等，主要的活动有农业观光、农事参与、乡村度假、参观学习、品尝农产品、购物等。

与欧美国家相比，日本的乡村旅游主要具有以下三个特点：

（1）日本乡村旅游不存在农产品交易市场，而是采取直接销售的方式，即农民不经过市场，直接将农产品销售给游客。如此一来，乡村旅游对当地经济的带动作用就得到了增强。

（2）日本效仿意大利等国家成立了专门的协会，这对乡村旅游管理与服务水平的提高有极大的帮助。

（3）日本效仿西班牙，十分重视乡村旅游中游客的参与性。每一名游客在旅游过程中享受的待遇与当地居民并无区别，从而加深了游客对农村生活的体验。

2. 韩国

韩国乡村旅游内容十分丰富，如海滩、山泉、小溪、人参、瓜果、民俗等，这些都成为乡村旅游的主题。最近，韩国乡村旅游又增加了不少新项目，如“主题列车活动”“韩式美食旅行”“茶园旅行”“周末农场”“绿色农村体验村庄”等，逐步打造高端乡村旅游。

韩国的乡村旅游具有以下三个特点：

（1）乡村旅游活动项目十分丰富，而且地方特色突出。在开展乡村旅游时，韩国充分发挥了地方特色，每一个小的特点都能够成为一个独立的旅游项目，从而使乡村旅游活动丰富多彩。

（2）重视节日庆祝活动是韩国乡村旅游的另一大特点，可以说，每一个节日都是旅游的高峰期。当前，韩国各地有 800 多个与乡村旅游相关的节日庆祝活动，从而提高了韩国乡村旅游对世界各国游客的吸引力。

（3）对农民开设的家庭旅馆给予支持。为了让农民与渔民能够从乡村旅游中获益，韩国对农民开设的家庭旅馆给予了极大的支持。

五、国外乡村旅游发展的成功经验

（一）重视政策扶持和管理

目前，国际、国内推行的乡村旅游模式广受好评，究其原因是旅游行业能够制造更多的就业机会，并对本国的市场经济转型提供一定的帮助。

20 世纪 70 年代，世界旅游组织提出，每一个发展乡村旅游的国家都应该制定出与国家发展形势相吻合的政策。乡村旅游对国家经济起到了重要的推动作用，因此，国家要尽可能地调动所有资源来帮助本国的乡村旅游产业向前发展。事实证明，发展乡村旅游确实能促进本国经济的快速发展。各国应该制定有效的法律法规来推动乡村旅游产业向前发展，积极完善乡村的基础设施，改变农村落后的现状。政府要成立专职部门，不但要求部门制定相关政策，而且要定期对实行的措施进行调查反馈；同时，制定评估标准，以提高乡村旅游的服务质量。

在欧洲，政府将乡村旅游的发展问题作为政府工作的大问题。欧洲各国政府制定出相应的政策来发展乡村旅游产业，从宏观角度调节市场。一些学者不但研究了欧洲的市场经济现状，而且也针对奥地利的乡村旅游现状进行了详细的阐述。这些学者在研究奥地利的旅游现状后，又对塞浦路斯的旅游发展现状进行了详细的阐述。他们认为这个地区的旅游行业之所以发展缓慢，是因为缺乏政府的资金支持。长期缺乏政府资金支持的塞浦路斯对旅游业已经失去了兴趣，使得旅游业在该地区发展缓慢。

发展乡村旅游能够完善市场资源配置，增加国家收入。加拿大发展乡村旅游经历了以下四个阶段：加拿大政府将文化和乡村旅游充分结合起来，让人们感受不一样的旅行；加拿大政府制定相应的政策和发展方针，保证整个地区都能够受益，同时也保证整个地区的旅游从业者都能够获得利益；加拿大政府不断地完善政策，为乡村旅游提供政策支持，保证加拿大乡村旅游产业的可持续发展；加拿大政府在发展乡村旅游的同时注重传统文化的传承，在发展乡村旅游的过程中增加了文化的成分。

美国政府在发展乡村旅游上也采取了一定的手段，在制定政策上独具一格。美国政府一方面做好政府规划，制定新政策，调节市场资源配置，将发展乡村旅游业作为发展经济的重要课题，同时采取政府干预的政策；另一方面，在建设和完善乡村基础设施上投入资金。在这一基础上，美国政府与土地管理局、渔业保护协会、野生动物管理所建立长期合作关系，共同为美国乡村旅游业的发展作贡献。

1995 年，芬兰成立了乡村政策委员会。委员会的工作任务是保障乡村旅游业的良性发展，推进乡村资源的有效配置。

瑞典为促进乡村旅游业发展采取了一些有效的措施。瑞典政府大力提倡发展旅游业，投入专项经费促进旅游业良性发展。此外，瑞典城乡的旅游服务设施及文化设施注重公益性、便利性，旅游标识清晰、美观，与周围环境协调一致。

罗马尼亚政府已把发展乡村旅游业作为发展旅游业的重点，并为农村建设了必要的基础设施，对从事“农家乐”的农民实施税收优惠政策。

日本政府在乡村旅游发展中起主导作用。日本旅游主管部门通过政府计划、金融支持、国际合作等措施，促进乡村旅游产业的快速发展。中央政府主要承担技术支持、公共设施完善、财政支持等责任，地方政府则主要负责制订地方乡村旅游规划、对外宣传方案、旅游安全培训等。同时，日本出台了一系列的法律、法规和政策，对乡村旅游进行宏观调控和规范管理，如《旅行业法》《农业基本法》《市民农园事务促进法》《农山渔村旅宿型休闲活动促进法》《山村振兴法》《农山渔村余暇法》《温泉法》《森林法》《旅馆业法》等，为日本乡村旅游的健康发展奠定了法律基础。

韩国政府在资金和政策上积极支持（包括大额的贷款和宽松的还贷环境），并进行严格管理（包括旅游农园申请可行性评估、农园的发展规模，以及对违反规定的农园限期整改或停业等），促进乡村旅游健康发展。韩国农林部为了增加农村收入，促进农村地区的经济发展，从 1984 年开始扶持乡村旅游业，目的是开发乡村旅游资源。韩国政府比较注重对乡村旅游基础设施方面的建设，对乡村旅游从业人员的培训、指导及服务意识等方面并未进行集中管理。

印度于 1997 年提出的《新旅游政策》明确了中央和地方政府、公共事业部门及私营企业在旅游业发展中的不同角色。2002 年，《国家旅游政策》提出乡村旅游是国家发展旅游业的基础。印度政府特别关注乡村地区的交通路网建设，要求各邦（区）要开发整体性旅游线路，将公路、铁路、水路及文化资源丰富的乡村旅游地连成一片，并最终在相关区域打造出世界一流的旅游基础设施。印度的铁路系统也采取了促进旅游业发展的一系列措施：在现有运营路线的基础上引入旅游专列，并允许私营部门参与。这些列车车厢归私营企业所有，由其负责产品的设计、开发、管理与营销。为增强其资金实力，吸引私人投资，私营部门可对这些车厢进行装饰。

（二）充分发挥社区和行业协会的作用

国外非常重视加强乡村旅游行业自律和对服务组织的建设，积极发展乡村旅游行业协会，充分发挥非政府组织的作用。如美国大量的非政府组织由于更贴近乡村实际，在标准制定、监督评估等方面比政府具有更大的优势。1992 年，美国出台了关于乡村旅游与小商业发展的政策，建立了非营利组织——国家乡村旅游基金，从事项目规划、募集资金和发放资金等工作。其任务是促进乡村旅游业的持续发展，提高农村居民的生活质量。

在西班牙，西班牙乡村旅游协会与政府有着良好的合作关系，在推进西班牙乡村旅游发展中起着非常重要的作用。它把很多旅游从业者联合在一起，60%以上的西班牙经营乡村旅游的从业者都加入了这个协会。该协会有一个内容非常丰富的网站，网站上有各个会员单位的介绍，游客可以直接在网站上进行预订。协会还把各个会员单位组织起来，通过报纸广告和互联网等手段进行统一的营销推广。为保证乡村旅游的服务质量，协会还自行规定了一些标准，要求会员单位执行。

法国乡村旅游的模式是“农户+企业+协会+政府”。农户是主要的乡村旅游经营主体，他们在经营农业的同时，利用农业资源开发乡村旅游产品。企业是乡村旅游供给体系的重要组成部分，他们是联系农户与游客的桥梁。

法国乡村旅游起步之际，政府与行业协会的合作便应运而生。协会在政府的政策范围内制定行业规范、制度及质量标准，以实现行业自律。乡村旅游的主要规范、质量评级标准由法国农会下属协会制定。另外，作为联系政府与农户的桥梁，协会为农户提供咨询培训、网络信息平台、营销服务等。法国涉及乡村旅游的协会有法国农业与渔业协会、全国农民联合会工会、农业商会、全国农民联合会、国际旅游推广协会等。

1998 年，农会常设委员会下属成立了农业及旅游接待处，作为推广农业旅游的中央机构，接待处联合其他有关社会团体研发了“欢迎莅临农场”的组织网络，还出版了专门的宣传和指导手册，大力宣传法国的农业旅游。

APCA 与农业及旅游接待处制定了严格的乡村旅游管理条例。例如，对提供饭店餐饮类型的“农场客栈”，管理条例规定：餐饮的原材料必须使用当地生产的农产品，不得贩售或采买；不得使用罐头食品；必须使用本地的烹调方法，体现本地美食的特色；餐饮提供的主要食品，必须是新鲜食品，不得用冷冻食品；农庄外观必须符合当地风格；农庄提供的餐具应用粗陶、瓷器或其他具有代表性的材质，以展现村民的质朴及对环境的保护，禁止使用纸质的桌布、餐巾纸。管理条例还规定“暂住型农庄”的主人必须亲自向游客介绍农庄的历史等信息，帮助游客了解当地的风土人情。管理条例在餐饮方面也有具体的规定，要求乡村旅游的经营者提供具有地方特色的、简单且多样的美食。

此外，协会还担负起了全方位指导农民、教育农民、帮助农民的重任，对加入协会的会员，从房屋的修缮、旅游项目的定价、游客管理等方面进行指导和培训。如“欢迎莅临农庄”是一个为居民家庭接待游客提供服务的协会组织，该组织每年对传统建筑文化遗产提供1.8亿欧元的维护、修缮费用，在当地旅游业发展中起着重要的作用。该组织既可以通过提供业务指导、标识系统服务以及技术咨询方面的服务，使具有遗产价值的建筑得到保护，又可以增加业主的收入、土地减损增益，使业主为未来退休做好准备。

法国政府和APCA加强对乡村旅游的开发和管理，主要措施有：

（1）对传统建筑文化遗产进行修复，主要包括典型的古老村舍等。通过政府公共资金补贴、银行贷款等手段，鼓励农民修葺房舍，发展乡村旅馆。

（2）加强对乡村旅游业服务质量的管理。游客住宿、餐饮场所必须取得印有“欢迎莅临农场”标志的资格证书，同时开展具有特色的乡村旅游活动。

（3）建立客房预订中心，对乡村餐饮、旅馆进行管理，方便游客选择和预订，同时保证业主的经济来源。

（三）选择多元的营销策略

随着乡村旅游业的不断发展，市场竞争日趋激烈，市场营销的成功与否将直接影响乡村旅游项目竞争力的大小，对乡村旅游市场营销进行研究的价值与意义日益凸显。因而，许多学者和旅游业经营者都认为，有效的营销对吸引喜欢乡村生活的游客至关重要。市场营销是发展乡村旅游的重要推动力。从国外乡村旅游发展的经验可以得出，营销依然是乡村旅游产业中一个薄弱环节。

目前，国外研究的重点主要集中在乡村旅游营销主体与营销策略、乡村旅游的品牌价值等方面。

对于乡村旅游来说，单个农户无力从事市场推广工作；即使农户个体有能力推广，对于游客来讲，信息也缺乏可靠性。因此，乡村旅游的市场推广工作更多的是依靠协会来进行。乡村旅游协会的任务之一就是为乡村旅游进行宣传。

国外除了有地区性的乡村旅游协会，如西班牙的坎塔布利亚乡村旅游协会；还有以某类住宿设施为服务对象的协会，如爱尔兰的农舍度假协会，主要负责爱尔兰农舍住宿的管理。塞浦路斯在 1995 年成立了专门的非营利性的组织，主要负责市场营销，保证了乡村旅游服务的规范以及科学的价格等。行业组织和政府部门在市场营销中起到了重要作用。

在乡村旅游的营销方式上，进入 21 世纪以来，多位学者基于乡村旅游的特点提出了地点营销、体验营销和整体营销策略。有学者从社会学角度对澳大利亚的乡村旅游营销战略进行了分析。他指出，澳大利亚已从生产型社会进入消费型社会，乡村旅游在经济发展过程中的价值已经凸显出来，而且对大多数城市居民而言，乡村旅游成为远离城市喧嚣的生活方式的象征。因此，地点营销在乡村旅游营销中的作用越来越重要。

传统的产品营销在乡村旅游营销中越来越边缘化，体验营销成为乡村旅游产业发展的大趋势。乡村旅游活动应该以体验为核心，形成独具特色的营销方式。有学者提出，乡村旅游营销不仅要重视区位资源特点，还应该通过分析游客的兴趣来开展，体验营销能很好地结合这两者的特点。还有学者指出，整体营销也是乡村旅游营销活动的重要方式，增加体验部分的比重能达到较好的营销效果。

从营销手段来讲，乡村旅游营销活动主要通过网络营销，利用节日或活动进行促销。口碑传播可信度较高，因此成为乡村旅游的重要营销手段。

法国乡村旅游企业十分注重旅游地的宣传工作，而且宣传模式多种多样。联合经营是保证企业生存和具有竞争力的有效途径。首先，乡村旅游企业注重利用先进的科学技术对旅游产品的销售进行管理；其次，在推广旅游地时，利用报纸、杂志、节日庆祝活动、展会等方式吸引游客；最后，在经营企业时，通过对话、邀请、联合等方式，把与对手的竞争关系转化为合作关系。

总体来说，在乡村旅游营销主体与营销战略研究中，研究者大多认为乡村旅游营销应该站在消费者的角度，以游客体验为核心，提出切实有效的营销策略。基于此，乡村旅游企业提出了乡村旅游地点营销、体验营销、渠道营销以及整体营销等多种策略。

（四）重视旅游项目的多样性

国外乡村旅游正向着集观光、娱乐、休闲、保健等于一体的综合方向发展。在乡村旅游产品开发方面，相关经营者非常重视产品的多元化、特色化，注重保护自然资源。从国外发展乡村旅游的经验可以看出，随着人们对旅游参与度的不断提高，乡村旅游的价值也在相应增加。丰富的旅游体验活动可以提高乡村旅游的吸引力，为游客提供一次良好的乡村旅游体验，增加游客重游的机会。

美国在发展乡村旅游的过程中，对旅游产品的丰富程度、项目形式的多样化给予了高度关注，开发出了不同类型的旅游项目，能够满足不同游客的需求。

美国的乡村旅游大致分为观光型、休闲型和文化型三类。观光型乡村旅游是指以优美的乡村景观和田园风情以及农业生产过程作为旅游特色，吸引城市居民前往参观和游玩。美国建立了多处供观光的农场，用转基因的方法培植马铃薯、番茄，在发展农业的同时，也在向游客普及基因科学知识。休闲型乡村旅游是指以乡村旅游资源为载体，以形式多样的参观旅游活动为主要内容，以游客休闲放松为目标的旅游类型。美国的农场、牧场旅游不仅能使游客欣赏美丽的田园风光、享受乡村生活的乐趣，还能使游客在专人授课的农场学校还能够学到很多农业知识。

在法国，前往乡村的游客大部分是为了追求自然和宁静，希望远离城市生活的压力，呼吸新鲜空气，欣赏自然景色，品尝地道的乡村美食，而顾客选择旅游地时也往往受交通等因素的限制。因此，法国在乡村旅游项目开发方面十分重视项目的多元化和体验感。针对不同游客的需求，法国乡村旅游企业开发了多元化的项目体系。例如，休闲农场系列，包括农场客栈、农产品市场、点心农场、骑马农场、教学农场、探索农场、狩猎农场、露营农场、家庭农场、教育农场、自然保护区、家庭农园等项目。住宿设施系列包括乡村别墅、乡村酒店、城堡、露营地、途中驿站、青年旅馆、家庭旅馆等形式。体验性的娱乐项目是法国乡村旅游的重要特色。例如，农场设有美食品尝、烹饪培训、农产品采摘、园艺培训、动植物观赏等项目；游客通过参观农村的葡萄园和酿酒作坊，参与酿造葡萄酒的全过程，了解酿酒工艺、了解葡萄酒的历史和文化，学习品尝美酒的学问和配酒菜的知识等；参观法国的古城堡，学习法国的历史文化、建筑文化、艺术文化等。

20 世纪 70 年代，日本乡村旅游由最初的农业观光园逐渐发展为休闲农场、度假农园、农业观光公园等。进入 90 年代，在市场需求的推动下，日本乡村旅游逐渐发展成为具有观光、休闲、度假、教育等多种功能的旅游项目。

乡村风情是乡村旅游整体营销的核心，是最重要的卖点。乡村旅游的吸引力在很大程度上取决于世世代代生活在这片土地上的人们，其生活模式、价值观念等都是吸引游客的重要因素。对游客而言，一次令人满意的乡村旅游体验，不是只有单一的游憩活动，而是包括游客对农村生活氛围的接触，其中与村民的人际交往是最令游客难忘的。因此，充分挖掘乡村传统文化、民俗文化就成了发展乡村旅游的必要手段。但随着乡村旅游的发展，游客逐渐增多，城市文化的渗透使乡村文化正在被同化，从而影响了乡村旅游的发展。发展乡村旅游与保护乡村文化传统在某种程度上是相辅相成的，有关部门在发展策略上要高度重视保护乡村旅游地的自然环境和文化传统，这是乡村旅游实现可持续发展的重要基础。

法国农场销售的主要农产品必须是农场生产的新鲜食品，其生产加工过程必须在农场内进行，为了体现乡村的美食特色，必须使用本地的烹调方法烹饪。

乡村旅游的开发应依托当地特色资源。例如，利用乡村风光、乡土文化、民族风情、特色建筑、特色农场、传统的农产品等，营造特点鲜明的乡村意境。乡村旅游应尽可能地开发、利用当地的资源，紧紧围绕当地特色，形成特点鲜明、专业化的发展之路。

六、国外乡村旅游对我国的启示

欧美乡村旅游所拥有的良好发展基础是在经济发展良好的前提下，城乡差距逐渐缩小的结果。目前，我国发展乡村旅游产业不可能一蹴而就，达到如此高的水平。因此，政府部门应该建立长远规划，推动乡村旅游业稳步向前发展。

（一）政府引导，自主发展

纵观世界发达国家的乡村旅游发展历程，不难发现，政府在乡村旅游发展中起到了极为重要的作用，或引导，或规划。例如，意大利、法国等国在发展乡村旅游时，就是对全国进行统一的规划，既避免了乡村之间的恶性竞争，也保证了各乡村旅游景点都有自己的特色。因此，我国在发展乡村旅游时，也要充分发挥政府的引导作用，避免乡村旅游业出现千篇一律或恶性竞争的现象。

（二）注重旅游产品的开发和营销

随着社会经济的不断发展，“酒香不怕巷子深”的时代早已过去，产品的开发与营销成为市场竞争的关键要素，旅游产品也不例外。国外乡村旅游发展之所以如此成功，与它们的宣传有着十分密切的联系。例如，法国政府为了促进本国乡村旅游的发展，印刷了大量的宣传手册，使各国游客对法国乡村旅游有了充分的了解。因此，我国在发展乡村旅游时也必须对旅游产品的开发与宣传给予足够的重视，要着重突出乡村旅游的特点和个性，以此来吸引游客。

（三）加强对乡村生活环境的保护

近年来，乡村旅游逐渐兴起的一个主要原因就是大众对千篇一律的城市生活逐渐感到厌倦，乡村生活吸引了大众的目光。因此，乡村风情是乡村旅游能够迅速发展的一个重要因素。在发展乡村旅游的过程中，政府要重点保护当地的乡村生活环境。例如，美国在乡村旅游的开发过程中，尽量避免破坏当地的建筑景观；部分旅游景点甚至禁止游客开车进入，提倡步行游玩，以此将旅游活动对乡村生活的影响降到最低。

础上发展起来的，以一家一户的家庭经营为主，经营规模较小，如西班牙的乡村旅馆等。在以色列乡村旅游发展之初，农户为旅游者提供的服务主要是“床铺+早餐”，平均每个农户提供 8 个床位。这种小规模经营使乡村旅游收入只能作为农户农业收入的一种补充。

第三，客源以本地城市中等收入家庭为主。鉴于游客的可支付能力和对旅游的认知，初期的游客以本地城市中等收入家庭为主，他们大多以周末出游的方式到周边乡村旅游地亲近自然、放松身心，以释放城市生活的压力。乡村休闲仅局限在乡村聚落，特别集中在教堂、酒馆、市场等。同时，以家庭为基础的休闲行为与出生、婚姻和葬礼等社会事件相联系。

（二）发展阶段

进入 20 世纪中后期，国外乡村旅游进入快速发展阶段，具有代表性的是欧洲、北美各国及日本等经济较发达的国家。该阶段乡村旅游的主要特征为：

第一，游客趋向大众化。乡村旅游的发展与社会经济的发展水平密切相关，经济的迅速发展使游客不再局限于城市中等收入家庭，而是逐渐趋于大众化和平民化。

第二，乡村聚落与乡村休闲活动、乡村旅游之间的关系发生了巨大的变化。在很多地区，乡村旅游与休闲娱乐活动从最初的被动发展到主动发展，进而成为改变和塑造乡村景观、乡村社区的主要因素。这种变化备受全球关注，西班牙、德国、英国、加拿大、日本等发达国家纷纷开始对乡村旅游的主题以及乡村旅游对农民收入的影响进行评价，其中也包括对乡村旅游的

第二章　我国乡村旅游的现状及其创新发展

第一节　我国乡村旅游的发展阶段与模式

一、我国乡村旅游的发展阶段

根据旅游偏好、旅游功能、政策导向、产品特征等，我国的乡村旅游发展分成可以三个阶段：

（一）起步阶段

起步阶段开始于1996年。在乡村旅游发展的早期，乡村优美的田园风光、良好的自然生态环境能够对城镇游客产生较大的吸引力。人们会选择节假日与亲朋好友相约一起进行郊游活动。一些城郊风景旅游地、独具特色的民族村寨以及生态环境良好的森林公园成为主要的旅游目的地，同时一些风景名胜区周边的乡村也开始出现旅游项目，这就是现代“农家乐”旅游的雏形。

城乡旅游景观的差异性是吸引游客的主要因素。游客的出游动机主要是休息游玩、与亲朋好友互动、品尝农家美食等，乡村旅游活动主要停留在观光游览的层面上。经营主体以个体农民或者小规模集体组织为主，乡村旅游基本处于自发式和粗放式经营的阶段，还没有出现专门的乡村旅游项目。乡村旅游市场处于萌芽状态，国内尚无针对乡村旅游的总括性提法，政府也尚未制定扶持政策。

（二）发展阶段

进入1997年以后，乡村旅游的发展一方面继续依托特色农业景观，如竹林、茶园、果园等，具有一定的审美价值，吸引了一些游客前来观光游览；另一方面，现代农业科技迅速发展，农业景观开始被当作一种旅游资源进行开发。依托农业科技发展起来的农业观光园、农业科技园成为新的卖点，乡村旅游涵盖的范围进一步扩大，除了原有的城郊型“农家乐”外，在远郊出现了以休闲度假为主要职能的“度假村”，位于城市旁的乡村地区也开始出现一些乡村旅游景区。

游客出游的目的是观光、体验农村生活。乡村旅游活动仍以观光游览为主，游览活动内容较前一阶段更为丰富，并出现了“多日游”等旅游形式。游客采摘等简易的体验类乡村旅游项目逐渐被引入，并成为此阶段乡村旅游项目的亮点。此外，乡村旅游开始具备科普、教育功能。这种经营方式在京津冀、长三角和珠三角地区表现得更为明显，并成为大众化的休闲活动。这一阶段，乡村旅游的理论研究也取得了相当大的发展，政府相关部门也开始注重科学规划。

在此阶段，政府制定了明确的扶持政策，积极举办各种形式的乡村节日庆祝活动，为乡村旅游的蓬勃发展奠定了坚实的基础。1998年，国家旅游局确定当年的旅游主题为“华夏城乡游”。2001年，国家旅游局把推进工业旅游、农业旅游列为当年旅游工作的重点，标志着以农业旅游为主要形式的乡村旅游活动开始在全国范围内展开。

自2004年以来，国家开始将解决“三农”问题作为发展社会经济的主要任务，旅游业的发展也融入其中，乡村旅游逐渐发展成为一种大众化的旅游活动。这一时期的乡村旅游业开始进入快速发展阶段，乡村旅游项目也逐渐丰富起来。例如，成都的农家乐模式、贵州的村寨模式、云南的旅游特色小镇模式，以及北京、上海等大城市周边的现代农业观光园等都受到了普遍关注。一些地区开始依据地方特色发展乡村旅游，以促进社会主义新农村建设，协调城乡关系。此时的乡村旅游市场开始扩大，游客的需求层次也开始提高，对旅游项目的要求不再是单一的观光游览，一些具有参与性的乡村旅游活动，如采摘游、农家乐、渔家乐等发展迅速。

（三）提高阶段

国家旅游局将2006年定为“中国乡村旅游年”；“十一五”规划将社会主义新农村建设列为重要内容，这标志着乡村旅游进入一个新的高速发展时期。这一时期，各种不同类型、不同主题的乡村旅游景区先后出现，企业开始介入乡村旅游的发展，较大规模的农场开始出现，乡村旅游的经营者开始综合利用农村自然资源，结合农、林、牧、渔等资源，提供多样化的服务，包括住宿、餐饮等。经营主体的经济实力较前两个阶段大为增强；农家旅馆在我国经济发达地区也悄然兴起，并成为乡村度假的重要形式。乡村旅游实现了从观光到度假旅游方式的升级，并成为我国广大农村发展第三产业的一条重要途径。乡村旅游与生态旅游、文化旅游等旅游类型相融合，使乡村旅游的文化层次更高，体验性更强。

首先，游客的消费意识开始发生转变。对于某一类型的游客来说，乡村旅游活动已成为一种经常性的休闲活动，使他们得到了休闲放松。

其次，游客对乡村旅游环境、乡村旅游服务以及乡村旅游产品的要求在提升。乡村旅游协会逐渐成为推动乡村旅游发展、管理行业内部的主导力量，政府则主要负责宏观政策方面的制定和行业的监管。政府开始对乡村旅游进行科学规划、分类指导，加强乡村旅游从业人员的培训，以提高乡村旅游的服务水平。国内相关研究机构对乡村旅游的研究也开始向纵深发展，开始研究乡村的综合规划和发展、乡村环境改善、乡村旅游的社区参与、乡村环境与乡村旅游的关系、观光农业、乡村旅游的可持续发展等问题。

最后，游客对休闲旅游的需求，促使乡村旅游产品的功能不断提升。乡村旅游市场进一步细化，在原有观光游览的基础功能上又出现了具有体育健身、疗养保健、科普教育、文化体验等多种功能类型的旅游产品。

国家旅游局将旅游发展的重点放在农村，全国涌现出了一大批具有乡土特色的乡村旅游地，“吃农家饭、住农家屋、学农家活、享农家乐”成为一种时尚，乡村旅游深受广大城乡群众的喜爱和欢迎。

总之，乡村旅游发展的趋势是由单纯观光游览发展到与生态旅游、传统文化游等其他新兴旅游形式相结合。

二、我国乡村旅游的发展模式

我国旅游业相关部门总结了我国乡村旅游的五种模式：一是大城市近郊的“农家乐”；二是高科技农业观光园；三是农业新村，特点是经济发达、乡村城镇化，在发展中有意识地形成自己的特色；四是对古村落的开发；五是农业的自然景观。受区位、资源及开发主体、消费趋势等多方面因素的影响，我国的乡村旅游已形成了种类多样、风格各异的发展类型。

（一）按产品的主题划分

不同开发主体、不同资源类型，其开发模式也不尽相同。根据产品的主题，我们可以将中国乡村旅游归纳为七种模式：

1．田园模式

田园模式是以农村田园景观、农业生产活动和特色农产品为卖点，开展的花卉游、渔业游、牧业游等不同特色的主题休闲活动，以满足游客体验农村生活、回归自然的心理需求。

2．民俗风情模式

民俗风情模式是以农村风土人情、民俗文化为卖点，充分突出乡土文化和民俗文化特色，开展农耕展示等主题活动，增加乡村旅游的文化内涵。主要类型有农耕文化游、民俗文化游、乡土文化游等。

3．农家乐模式

农家乐是指农民利用自家庭院、自己生产的农产品及乡村的自然景观，吸引游客前来吃、住、玩的休闲活动。主要类型有农业观光农家乐、民俗文化农家乐、民居型农家乐、休闲娱乐农家乐、食宿接待农家乐以及养生型农家乐等。

4．村落乡镇旅游模式

村落乡镇旅游是指以古村镇宅院建筑为卖点而开发的一系列旅游活动。

主要类型有古民居和古宅院游、民族村寨游、古镇建筑游等。

5．休闲度假游模式

休闲度假游是依托自然风景等，结合周围的田园景观和民俗文化，兴建一些休闲、娱乐设施，为游客提供休憩、度假、娱乐、餐饮等服务。主要类型有休闲度假村、休闲农庄、乡村酒店等。

6．科普教育模式

科普教育模式是指利用农业观光园、农业科技生态园、农业产品展览馆、农业博物馆、农业主题公园等，为游客提供了解农业历史、学习农业技术、增长农业知识的旅游活动。主要类型有农业科技教育基地、少儿农业教育基地等。

7．回归田园自然模式

回归田园自然模式是指利用农村优美的自然景观发展登山、赏景、森林浴、滑雪、滑水等旅游活动，让游客感受大自然的魅力。主要类型有森林公园、湿地公园、水上公园、露宿营地、自然保护区等。

（二）按旅游产品的形态划分

按旅游产品的形态，乡村旅游可分为三个类型：

1．主题农园

形成教育农园、市民农园、租赁农园等多种形态，具有农事参与、农业知识教育等多种功能。

2．乡村旅游基地

乡村旅游基地不仅是乡村旅游的信息中心，还是乡村旅游的中间机构。乡村旅游基地向游客提供全方位的乡村旅游服务，游客可以在不同地方、不同乡村俱乐部享受到一体化的服务。

3．现代商务度假与企业庄园模式

这种旅游模式包括企业董事会议、商务谈判、员工奖励度假等多种类型。

（三）按区位条件划分

从区位条件来看，乡村旅游可以分为四种类型：

1．都市郊区类

目前，都市郊区类在中国属于比较普遍、比较成熟、市场潜力较大、效益较好的一种类型。它主要通过充分利用都市郊区相对较好的自然生态环境和独特的人文环境、地缘区位优势和便利的交通条件发展起来。这种乡村旅游模式的目标市场是城市居民，基本定位是为城市居民提供观光、休闲、游憩的“后花园”，是城市居民休闲度假的好去处。

2．景区边缘区

景区边缘区是依托各地著名的风景名胜旅游区发展起来的。这种景区周边的乡村旅游伴随着风景区观光旅游而发展，是游客在欣赏自然风景之余，对周围村庄的田园风光、民俗文化、农家生活的观光体验活动。

3．特色村寨

特色村寨是乡村建设和发展的历史缩影。这种类型的乡村旅游通常与民俗旅游结合在一起，具有浓厚的乡村文化氛围和乡村生活气息。

4. 特色农业基地

特色农业基地是指利用当地特色的农业产品和农业技术，开展观光、品尝、购买、度假等活动。

从空间特征上，乡村旅游的模式可分为城郊型、景郊型、村寨型三大类型。城郊型乡村旅游主要依托大、中城市，由观光农业、农家乐、民族村寨游构成，是环城游憩带的重要组成部分，也是我国乡村旅游区位经济模式的重要体现。景郊型乡村旅游主要依托大型景区的知名度，以景区游客为主要的目标市场，在开发过程中保存着较多真实的乡村生活环境。村寨型乡村旅游主要是依托特色村寨来开展旅游活动的。随着国际乡村旅游市场的发展，国内游客开始追求“返璞归真，回归自然”。拥有田园风光和秀丽山水的村寨，融合了传统文化旅游活动的优点，具有发展成为相对独立的乡村旅游胜地的优势。

从地理分布来看，我国乡村旅游的发展存在着都市郊区型、景区边缘型、边远地区型三种模式。都市郊区型又称城郊型，主要依托都市休闲度假旅游市场，以“农家乐”为基本形式，以“吃农家饭、品农家菜、住农家院、干农家活、购农产品”等为主要内容，为游客提供体验乡村生活的机会。景区边缘型是依托著名景区相对集中的客源市场，在景区周边地区发展起来的一种乡村旅游模式。边远地区型则是依托原始而秀美的自然环境、淳朴的民族风情发展起来的乡村旅游，其特点是容易形成相对集中且规模较大的乡村旅游地。

（四）按空间结构划分

从乡村旅游的空间结构及规模来看，我国乡村旅游包括点状发展模式、块状发展模式、团簇状发展模式等。

1．点状发展模式

点状发展模式是以农家庭院自主经营的“农家乐”为主要形式，在空间上表现为独楼、独院式的农舍旅馆或餐饮娱乐场所。如城郊农民开办的“农家乐”。

2．块状发展模式

块状发展模式是依托一定面积的农场、果园、牧场等开发的旅游接待场所，是接待设施和乡村景观在特定地点的集中组合。

3．团簇状发展模式

团簇状发展模式的特点是科学规划，公司运作，整体开发，服务设施集中且具有一定规模的乡村旅游地。

（五）按开发、投资、经营主体划分

从乡村旅游的开发、投资、经营主体来看，我国乡村旅游存在着“农户+农户”“公司+农户”“公司+社区+农户”“政府+公司+农户”“政府+公司+农村旅游协会+旅行社”、公司制、股份制和个体农庄八种模式。

1．“农户+农户”模式

这种模式指农户带动农户，农户与农户自由合作、共同参与乡村旅游的开发与经营，是乡村旅游初期阶段的经营模式。如城郊个体户利用自家鱼塘或农田开发的一些农家乐项目，可供少量游客进行垂钓等活动。而在远离城市的乡村，农民对企业介入乡村旅游开发普遍有一些顾虑，他们更相信那些“示范户”。在这些山村里，通常是“开拓户”首先开发乡村旅游获得了成功。在他们的示范带动下，农户们纷纷加入经营乡村旅游的行列，并从中学习经验，在短暂的磨合之后，形成“农户+农户”的乡村旅游开发模式。

这种模式通常投入较少，接待量有限，但原汁原味的乡村文化得以保留，游客花费很少的钱就能感受到乡村文化的魅力。但受管理水平和资金投入的影响，这种旅游模式的带动效应有限。在当前乡村旅游竞争越来越激烈的情况下，这种模式具有短、平、快的优势。经营者们善于学习别人的经验，因为势单力薄、规模有限，所以往往注重揣摩游客的心理，增加了许多个性化的服务。

2.“公司+农户”模式

这种模式是由外来投资公司开发、经营与管理，同时吸纳当地农户参与其中，公司直接与农户合作的一种模式。这种模式在开发乡村旅游资源时，充分利用农户闲置的资金、农村剩余劳动力、种类繁多的农事活动来丰富旅游活动内容；同时，通过引入旅游公司进行管理，使农户的接待服务更加规范，避免因恶性竞争而损害游客的利益。

这一模式中存在一些需要注意的问题：首先，公司或投资商与农户的合作是建立在一定经济基础上的，受投资商经济实力的影响较大；其次，农户的知识层次、素质、服务意识等有待进一步提高；最后，在内部经营管理中，如何进行游客的分流与分配，是乡村旅游活动持续获得收益的关键。

3.“公司+社区+农户”模式

这一模式是“公司+农户”模式的延伸。社区搭起桥梁，公司先与当地社区合作，再通过社区组织农户参与乡村旅游。公司一般不与农户直接合作，接触的是社区。但农户接待服务、参与旅游开发则要经过公司的专业培训。公司制定一系列相关规定，以规范农户的行为，保证接待服务水平，保障公司、农户和游客的利益。这种模式通过社区链接，便于公司与农户协调、沟通，有利于克服公司与农户因利益分配而产生的矛盾。同时，社区还可对公司起到一定的监督作用，以保证乡村旅游正规、有序发展。

4.“政府+公司+农户”模式

这一模式的实质是政府引导下的“企业+农户”模式，就是在乡村旅游的开发过程中，由县、乡各级政府和旅游主管部门按市场需求和全县旅游总体规划，确定开发地点、内容和时间。在开发过程中，政府和旅游主管部门进行必要的指导和引导。当地村民与外来投资者一起组建乡村旅游开发有限责任公司，实现企业化管理，利润由村民和外来投资者按一定比例分成。除此以外，村民们还可以通过为游客提供住宿、餐饮等服务来获取收益。

这种模式有三个优势：一是可以减少政府对旅游开发的投入；二是可以使当地居民真正得到实惠；三是可以减少旅游管理部门的管理难度。因此，“政府+公司+农户”模式是一种切实可行的乡村旅游经营模式。

5.“政府+公司+农村旅游协会+旅行社”模式

这一模式的特点是充分发挥旅游产业链中各环节的优势，通过合理地分配利益，避免乡村旅游过度商业化，保护乡土文化，增强当地居民的自豪感，为乡村旅游的可持续发展奠定基础。这一模式各级职责分明，有利于激发各自的潜能，形成“一盘棋”思想。

6. 公司制模式

这一模式的特点是发展速度快、起点高、有一定的规模，如果思路正确、经营得当，容易使乡村旅游迅速走上有序发展的道路。公司制模式比较适合乡村旅游初期。随着农民的关注与参与，这种模式将难以适应乡村旅游发展的趋势。农民作为乡村旅游的参与主体，其积极性是不容忽视的，而采用公司制模式，农民则很难从乡村旅游中获得应得的收益。

发展乡村旅游的关键在于公共资源。公司制模式下，乡村旅游业快速发展的最大受益者是旅游公司，当地农民很难获得高收益，而且还要承担旅游开发带来的各种负面影响。这种资源与利益的严重失衡，极易引起农民的不满。

7. 股份制模式

这一模式主要通过采取合作的形式合理开发旅游资源，按照各自的股份获得相应的收益。根据旅游资源产权的所有人不同，产权主体可以分为国家产权、乡村集体产权、村民小组集体产权和农户个人产权四种。在开发上，股份制模式可采取国家、集体和农户个体合作的方式进行，这样就把旅游资源和劳动力转化成股份，一般采取股份分红与按劳分红相结合的方式进行分红。这种模式有利于乡村旅游提升档次，特别是通过股份制的形式，提高了农民的收入。

8. 个体农庄模式

个体农庄模式是以“旅游个体户”的形式出现。农户通过对自己经营的农场、牧场进行改造，使之成为一个完整意义的旅游景区，能完成旅游接待和服务工作。个体农庄吸纳附近的剩余劳动力，形成以点带面的发展模式。

（六）按成长过程与成因划分

1. 客源地依托模式

客源地依托模式又称毗邻客源模式，是借助紧邻城市的区位优势而创建的新型旅游模式。客源地依托模式具有得天独厚的自然环境优势，以“农家乐”“渔家乐”“山里人家”等旅游项目为代表。

2. 目的地依托模式

目的地依托模式又称毗邻资源模式，主要是借助原有风景名胜的吸引力来开发面向多种客源的城乡居民旅游活动。其优势是自然环境以及风景名胜。

3. 非典型模式

这种模式虽然地理位置在乡村，但是产品组合中却混合着许多不属于乡村，或者与乡村关系并大的项目。其优势是在自然环境基础上的融合创新。

4. 复合模式

复合模式即以上多种模式按不同的比例混合组成的模式。

从乡村旅游的发展阶段看，我国的乡村旅游发展存在自发式、自主式以及开发式三种模式。自发式、自主式和开发式三种模式大致对应了乡村旅游发展的三个时期，即自发期、成长期和成熟期。

（七）按驱动机制划分

前国家旅游局规划司副司长张树民从乡村旅游产业驱动机制角度提出了乡村旅游的五种发展模式，即需求拉动型模式、供给推动型模式、中介影响型模式、支持作用型模式、混合驱动型模式。

1．需求拉动型模式

这种模式能够使乡村旅游在国民经济发展中起到重要的推动作用。这种模式主要通过让游客感受田园风光，使游客在生活方式上感觉到乡村旅游与其他旅游模式的不同，从而吸引游客。

2．供给推动型模式

在发展乡村旅游的过程中，农村经济要想得到发展就必须要销售具有乡村特色的产品，供给推动模式就产生了作用。这样的产品能够吸引游客的眼球，激发游客的购买欲望。在这种模式的作用下，乡村特色产品销量良好，产生了良好的经济效益。可见，这种模式为旅游景区提供了充足的物质资源和物质保障，对乡村经济的发展具有一定的促进作用。

3．中介影响模式

在旅游行业中，特别是在乡村旅游行业中，中介起着非常重要的作用。游客通过中介来了解乡村特色产品，也通过中介来购买乡村特色产品。近些年来，中介影响模式已经成为当下旅游业中最流行的模式。

4. 支持作用型模式

这种模式在中国西部欠发达地区经常被采用。

5. 混合驱动型模式

这种混合型模式是将以上几种模式结合在一起形成的新模式，适用于各地区的乡村旅游。

第二节 我国乡村旅游的发展现状

一、我国乡村旅游所面临的困境

（一）乡村城市化

20 世纪 50 年代，美国经济学家刘易斯提出“二元经济理论”，他将一个国家的经济分为以现代工业部门为代表的资本主义部门和以传统农业为代表的非资本主义部门两种类型。其中，非资本主义部门的最大特点就是剩余劳动力过多。当资本主义部门扩张时，非资本主义部门的劳动力将会逐步转移到资本主义部门中。经济的发展是以资本主义部门为依托的，因此，非资本主义部门的首要职责是为资本主义部门的发展提供大量廉价的劳动力。

从刘易斯的观点可以看出，城市经济的扩张是转移农村剩余劳动力的主要途径，是实现二元经济转换的重要手段，这也是当前许多国外学者将中国的城镇化进程与美国的高科技研发作为影响21世纪人类发展的两大关键要素的一个主要原因。而从国内社会经济发展的情况来看，新型城镇化建设已经成为社会主义新农村建设的主要着眼点，成为城市经济发展的重要推动力。而乡村旅游的发展则是乡村城市化的一个催化剂。乡村城市化是农村社会经济不断发展的重要产物。但是对于乡村旅游的发展而言，乡村城市化也存在着一些消极因素，主要体现在以下两个方面：

第一，乡村城市化对乡村的自然景观与人文环境有着极大的影响。从理论上来说，乡村城市化并不是简单地将乡村转变为城市，而是要不断地提高乡村居民的生活水平，使其生活条件向城市生活条件靠拢。但是，当前国内对乡村城市化的认识明显集中在将乡村转变为城市上。在转变的过程中，乡村的居住环境、居住文化等必然会随之发生变化，这种变化有利于乡村居民生活水平的提高，但也存在着一些消极因素。例如，乡村生活的特色正在逐步消失，变成与城市一样的生活方式。总的来说，在乡村城市化进程中，乡村的自然景观与人文环境正在面临着历史性的变革，部分有特色、有价值的乡村景观随着乡村城市化进程逐步消失。对乡村旅游的创新发展而言，乡村城市化进程对乡村景观与环境带来的影响也是不确定的，其可能会使乡村旅游失去特色，使乡村旅游发展速度逐渐放缓，但也有可能创造出新的旅游景点，推动乡村旅游的进一步发展。

第二，乡村城市化深刻影响着传统乡村的耕地状况与生态环境。在乡村城市化特别是城镇化发展过程中，土地的供需及利用矛盾也变得更加尖锐。

城镇化过程中土地问题的焦点是建设用地与耕地之间的矛盾。土地作为一种宝贵的自然资源，其合理利用和配置直接关系到社会经济的可持续发展。1996—2005 年间，我国城镇化水平快速提高，城市建成区面积由 19264 平方千米扩大到 3 万多平方千米，耕地面积由 13003.9 万公顷减少到 12208.27 万公顷，总共减少 795.63 万公顷，平均城镇化率每提高一个百分点，耕地随之减少 31.7 万公顷。在耕地面积减少的同时，耕地质量也在日益下降，农村的自然环境不断恶化。大量优质耕地被征用，开发为工业或建筑用地，人均耕地递减，并危及粮食安全，迫使农民过度开发耕地，加大耕地利用强度。同时，城镇化进程加快也导致大量林地、草地等非耕地转为耕地，使林地、草地数量急剧减少。这些问题致使土地开发利用不合理，可能会造成土地退化、水土流失、环境恶化等一系列问题。

（二）民俗商业化

自中华人民共和国成立以来，乡村的民俗文化发生了巨大的变化。正如我国著名民俗学家乌丙安先生所说：“民俗文化艺术的人为传播和获取经济收益结合在一起，使民俗文化急剧变迁中的民俗文艺也呈现出两重性格和两种形态。”在这两种形态中，一种是民俗文化的原始形态，它是乡村最本质特征的集中表现，是乡村居民在历史中锤炼出的与乡村生活最适合的文化形态，是乡村精神文化建设取之不竭的文化资源；另一种是在乡村社会经济发展中的民俗文化再生形态，或者说是为了适应乡村社会经济的发展而对原始民俗文化进行的一种改造，它的出现与市场经济和乡村旅游有着十分密切的联系。

在发展乡村旅游的过程中，很多省、市都在积极地开发当地的民俗文化资源来吸引国内外的游客。丽江、西双版纳、九寨沟、张家界等原本相对贫困的地区，都因为当地民俗文化的宣传而逐渐脱贫致富。可以说，民俗文化成为乡村经济发展的一种重要资源。例如，广西龙脊地区的瑶族、壮族居民过牛魂节时需要蒸五色糯米饭和黑色糯米饭，这种糯米饭不仅美味，还具有一定的药用价值，对游客有着极大的吸引力。该地区政府和居民就利用这一风俗开发旅游产品，增强游客的体验感，并重新尝试竹筒饭的做法，逐步形成独具特色的民族风味餐。由此可见，乡村旅游的发展对乡村地区弘扬现有的民俗文化有着重要的作用。

（三）产品低层次化

从当前我国乡村旅游发展的整体现状来看，我国的乡村旅游仍然处于初级阶段，主要表现在以下四个方面：

第一，旅游形式的低层次化。目前，我国的乡村旅游仍以乡村田园观光、农家乐餐饮、棋牌等为主，且这些产品的开发并不是统一规划的，而是以农户家庭为单位，能够真正融入地方文化、融入民族文化的乡村旅游产品十分有限。对比国外多种多样的乡村旅游产品就可以发现，当前我国的乡村旅游产品种类单一，乡村旅游资源并没有得到充分的挖掘。

第二，乡村旅游活动内容单调且重复。纵观国内当前的乡村旅游活动内容可以发现，农家乐占了较大比重。而我国乡村旅游活动内容的更新速度极为缓慢，这就使得我国乡村旅游对游客的吸引力不断下降。

第三，乡村旅游受季节性的影响。很多地方的乡村旅游季节性明显。例如，以油菜为旅游观赏项目的乡村只有在油菜花盛开时，才能够吸引大量的游客；一些生态采摘园一年更是只能进行一次乡村旅游，如此一来，就造成了乡村旅游资源的极大浪费。而在客源方面，我们可以发现，由于乡村旅游缺少统一的规划，规模小、分布散、规划乱、项目重复等现象频繁出现，乡村旅游的客源以国内游客为主，能够接待的国际游客十分有限。

第四，在管理服务上，乡村旅游目前仅能够满足游客的衣、食、住、行等基本需求。

此外，值得注意的是，很多地方发展乡村旅游的主要目的是解决农村的贫困问题，也因此导致部分地方政府为了开发旅游资源而违背市场发展规律，盲目地修建乡村旅游景区。这样一来，不仅极大地破坏了当地的乡村旅游资源，更无法实现乡村旅游的可持续发展。

（四）区域发展不平衡

从国家旅游局公布的相关数据来看，当前我国已经拥有一定规模的乡村旅游景点，这些乡村旅游景点主要集中在城市近郊地区、城乡接合部和一些交通较为便利的地区。全国的乡村旅游区域发展极不平衡，集中表现为东部乡村旅游发展速度较快，中西部地区则较为缓慢。导致这一现象产生的主要原因是各地的经济发展水平不同。乡村旅游产生与发展的一个重要前提就是城市经济迅速发展，城市居民拥有更多的时间与金钱来进行旅游。东部地区的经济发展速度一直位居全国前列，城市居民的收入更高，能够更多地参与乡村旅游活动；而中西部地区则由于城市经济发展速度较慢，城市居民参与乡村旅游活动的积极性不强。此外，值得注意的是，交通也是限制乡村旅游发展的一个重要原因，中西部地区如新疆、西藏等地区的乡村旅游无法得到发展，与当地交通不便有着很大的关系。

二、我国乡村旅游发展的制约因素

在乡村旅游景区的发展过程中，影响乡村旅游景区发展的因素不同，乡村旅游景区的发展也会产生不同的结果。一些旅游地通过大力开发迅速进入高速发展期，但是在短时间内很可能迅速进入衰落阶段，如民族村和世界之窗等主题公园类型；一些旅游地的景观价值很高，但由于当地交通条件较差、旅游设施陈旧，使当地乡村旅游的发展停留在初级阶段；一些旅游地有着相同的景观价值和相同的外在影响因素，但由于旅游地发展规划、管理水平和服务水平不同，乡村旅游景区的发展结果也不同。在旅游地发展的最初阶段，旅游资源特色和交通条件等影响因素更为重要；而在旅游地发展的较高阶段，管理水平、营销策略和后续开发潜力等因素具有更关键性的作用。

（一）市场区位条件

市场区位条件大致可以分为交通区位和环境区位两种类型。其中，交通区位指的是乡村旅游景点与游客或潜在游客之间的距离以及交通便利程度；环境区位则主要指的是旅游景点的自然人文景观。

对于乡村旅游而言，市场区位是一个十分重要的因素。纵观国内发展较好的乡村旅游景点，我们可以发现，这些景点大多都在市场区位条件较好的地区。以北京香山地区为例，香山地区的人文景观与自然景观质量一般，但是该地区的乡村旅游却发展得较好，原因就在于该地区以北京市为依托，市场区位条件较好，北京市庞大的消费群体是该地区的主要客源。如果市场区位条件较差，那么乡村旅游活动就无法保证拥有稳定的游客群体。例如，西南少数民族地区的自然景观资源十分丰富，但是这里的乡村旅游业却发展得极为缓慢，原因就在于没有稳定的客源以及交通不便。

（二）旅游资源条件

旅游资源指对游客具有吸引力的自然景观和历史文化遗产，以及用于旅游活动的人工创造物，可以是有具体形态的物质实体，也可以是没有具体物质形态的文化因素。旅游资源是景区具有吸引力的主要因素，也是促进旅游业发展的必要条件。旅游资源的价值决定了旅游地的吸引力。

虽然在短期内，旅游景点的市场区位条件对乡村旅游的发展有着巨大的影响，但是从长期的效益来看，决定乡村旅游发展前景的却是旅游资源。一般来说，乡村旅游资源越具有特色，对游客的吸引力也就越大，乡村旅游的发展潜力也就越大。具有浓厚的历史文化底蕴和秀丽自然景观的乡村旅游景点对国内外的游客吸引力都很大。反之，部分地区由于缺少具有特色的旅游资源，缺少足够的历史文化底蕴，这样的乡村旅游景点很快就失去了吸引力。

（三）旅游地的环境质量

旅游地的环境质量是乡村旅游发展的重要条件。从不同视角进行研究，旅游环境的概念也不同。以游客为研究视角，旅游环境可以定义为：旅游环境是以游客为中心，使旅游活动得以存在和发展的各种自然、社会和人文等外部条件的总和。以旅游资源为研究视角，旅游环境可以定义为：旅游环境是以旅游资源为中心，围绕在旅游资源周围的自然生态和人文社会等各种因素的总和。

旅游环境是一个综合性的概念，根据不同的分类标准，可以划分为不同的类型。按区域进行划分，旅游环境可以分为森林旅游环境、滨海旅游环境、乡村旅游环境、城市旅游环境等类型；按资源的性质进行划分，旅游环境可以分为自然旅游环境、人工旅游环境和半自然旅游环境三种；按空间进行划分，旅游环境可以分为旅游客源地环境、旅游目的地环境和旅游行程环境三种。单从乡村旅游环境的角度来说，本书主要是从旅游的社会环境和旅游的自然环境两个角度进行分析。其中，旅游的社会环境主要指旅游地的基础设施、人文氛围等，旅游的自然环境则主要指旅游地的自然气候、地理环境等。

如果说旅游资源的丰富程度决定了乡村旅游的未来发展前景，那么旅游环境则决定了乡村旅游活动的起点。一般来说，环境越好的地区在乡村旅游发展初期对游客的吸引力越大。例如，我国西北地区的旅游资源十分丰富，沙漠、戈壁、雅丹地貌等都是十分优秀的旅游资源，但是西北地区的乡村旅游却始终无法得到发展，根本原因就在于当地旅游环境较差，使得游客对这些旅游景区敬而远之。

（四）旅游地居民的态度

旅游地居民的态度是指旅游地居民对当地旅游业发展所持的观点和看法。旅游地居民的态度对当地乡村旅游的发展具有重要的意义，有利于营造和谐的旅游氛围。旅游地居民的态度分为积极态度和消极态度两种。旅游地居民参与旅游活动获得的经济利益和旅游地居民对发展旅游的认可，都能使旅游地居民支持当地发展旅游业。

乡村居民对乡村旅游发展的态度是不断变化的，这种变化大致可以分为欢迎、冷淡、不满和厌恶四个阶段。在乡村旅游发展的初期，由于乡村的经济发展较为缓慢，乡村旅游能够有效地增加当地居民的收入，这个时期绝大部分居民对乡村旅游都持肯定态度，十分愿意接待游客；而当乡村旅游业初步形成规模以后，游客的大量增加使得乡村居民无法再像以往那样招待每一名游客，这时乡村居民的态度较为冷淡，游客付多少钱才会得到多少服务，最初的那种淳朴之风逐渐消失；当一个乡村旅游景点成为游客的热门选择时，能够极大地提高乡村居民的收入，但这个时候乡村居民对乡村旅游却持一种不满的态度，原因就在于乡村旅游的发展过程中开始出现一些负面因素。法国巴黎的民众就是典型的代表，每年的旅游旺季，法国巴黎都会遇到交通堵塞等问题，给当地居民的工作和生活带来极大的影响，由此也导致当地居民阻止游客进入市区。

（五）乡村旅游产品

乡村旅游产品是旅游经营者通过开发和利用旅游资源为游客提供的旅游纪念品与服务的组合。乡村旅游产品是一种综合性的产品，乡村旅游产品的生命周期受各种主客观因素的影响。这些主客观因素包括吸引力因素、需求因素和环境因素。

一是吸引力因素。吸引力因素是推动乡村旅游发展的重要动力。旅游产品是一种商品，而商品只有出售才能够发挥其价值。一般来说，旅游产品吸引力越强，销量也就越大。从发展乡村旅游的角度来看，要想增强旅游产品的吸引力，就需要挖掘旅游地的人文景观和自然景观两个方面。

二是需求因素。社会经济的发展程度、消费观念的变化、人均收入水平、时尚潮流的变化、旅游地的自然环境等因素将影响游客需求的变化，进而引起客源市场的变化。比如，城市的环境污染会使生态旅游成为游客更为青睐的乡村旅游产品。

三是环境因素。乡村旅游产品的经营环境既包括内部组织环境，也包括外部经营环境，这些环境因素对旅游地的发展前景起着决定性作用。当前，旅游业市场竞争日趋激烈。为此，乡村旅游地必须改变经营观念，加大宣传力度，实施正确的产品组合策略，才能更好地开拓客源市场。

（六）乡村旅游规划

旅游规划是对旅游业长期发展的战略指引与保护，是有序实现旅游业发展目标的一套法定规范程序。乡村旅游规划对乡村旅游发展的价值和意义在于从整体出发，正确处理旅游业在发展中遇到的问题，为乡村旅游的可持续发展提供宏观的战略指导。所以，良好的乡村旅游规划对乡村旅游业的发展有至关重要的作用。乡村旅游规划应遵循以下原则：

第一，市场原则。乡村旅游属于市场经济的一部分，我们在规划乡村旅游时也要充分依照市场规律，这样才能够保证乡村旅游的持续发展。

第二，形象原则。千篇一律的旅游项目是很难吸引游客的，乡村旅游规划时必须要具有自己的特点。

第三，保护原则。乡村旅游规划不能以破坏乡村的自然环境为代价，否则乡村旅游的生命力就会大大降低。

第四，效益原则。乡村旅游规划应当符合乡村的整体发展规划，从而促进农村经济不断发展。

（七）市场营销策略

“酒香不怕巷子深”的时代早已过去，乡村旅游业的发展与科学的市场营销策略密不可分。如果缺少了市场营销，那么无论旅游资源多么丰富、旅游环境多么好，乡村旅游的发展也会受到影响。市场营销的策略大致可以分为价格策略、产品策略、渠道策略和促销策略等四类，乡村旅游地需要结合本地区的实际情况灵活采取不同的营销策略。例如，乡村旅游项目的价格并不是越低越好。事实上，对大多数能够外出旅游的游客而言，他们的收入较高，价格并不是他们考虑的第一要素，有时候过低的价格甚至会遭受怀疑。因此，乡村旅游经营者在制定旅游价格时要根据旅游地的收入情况，同时参照其他旅游地的价格适当降低价格，以此来获取竞争优势。在产品策略上，乡村旅游经营者需要对旅游产品进行统一的品牌管理，包装、设计、颜色等都要充分体现出旅游地的文化和特色。在渠道策略上，乡村旅游地不能只限于通过实体广告来拓展客源，而是要充分利用互联网的优势来提高旅游地的影响力。在促销策略上，乡村旅游地可以采取折扣、返现、抽奖、免费体验等方式，达到增加销售额的目的。

市场营销策略对旅游地的发展是至关重要的，乡村旅游地市场营销策略的正确与否将直接影响乡村旅游地发展的好坏。我国大多数旅游企业在营销方面仍然存在许多问题，其主要表现为：一是盲目降价；二是很多乡村旅游地忽视售后，没有一个较好的旅游产品售后服务体系；三是一些乡村旅游地的法律观念淡薄，提供虚假的旅游服务信息，以贿赂手段拉拢游客等；四是一些乡村旅游地没有将网络技术充分运用于旅游市场营销中；五是很多乡村旅游地追求的是短期销售目标，而没有制定长期销售目标；六是一些乡村旅游地不能根据市场需求，科学设计出具有鲜明特色和吸引力的旅游形象。这些问题的存在严重影响乡村旅游的可持续发展。

（八）旅游地的形象定位

旅游地的形象是人们对旅游景区及其所在地的总体认识和评价，是对旅游地的历史印象和现状的一种综合评价。在乡村旅游地的开发规划过程中，旅游地形象的塑造具有非常重要的价值和意义。个性鲜明的旅游景观具有较强的吸引力，有助于形成庞大的旅游市场并且。乡村旅游地的旅游形象涉及的内容较多，由旅游地理念识别系统、旅游地行为识别系统和旅游地视觉识别系统三部分组成。其中，乡村旅游地理念识别系统是指乡村旅游地独特的文化个性和精神内涵。乡村旅游地行为识别系统主要表现为乡村旅游地的政府行为、民众行为和企业行为。乡村旅游地视觉识别系统包括旅游地的建筑造型、公共标志牌、交通工具、员工制服等，是乡村旅游地最直观的形象识别系统。

形象定位差异主要由主体个性、传达方式和大众认知等要素决定。其中，主体个性是指乡村旅游地品质和价值内涵的独特风格。传达方式是把乡村旅游地的独特风格有效、准确地传递至目标市场的渠道和措施。大众认知是指游客对乡村旅游地形象的印象。乡村旅游地的形象可以通过领先定位的方法进行定位，比如，“天下第一瀑”“五岳归来不看山，黄山归来不看岳”。领先定位适用于独特的乡村旅游资源。乡村旅游经营者可以通过空隙定位法进行定位，树立与众不同的乡村旅游地形象；还可以通过重新定位法进行定位，让乡村旅游地的新形象替换旧形象。

三、我国乡村旅游的主要类型

我国地域辽阔，不同地区的乡村景观风格不一、各具特色，乡村旅游的活动内容较为丰富。概括起来，主要有以下三种类型：

（一）市场依托型

市场依托型指的就是农村依托大城市，将大城市居民作为主要客源，乡村旅游也重点为大城市居民服务。目前，国内发展较好的有北京、杭州等一线城市的近郊乡村旅游项目。这些乡村旅游项目有的依托当地独特的自然风光，有的以特色农业或者农家乐为主题来吸引大城市的游客。市场依托型乡村旅游模式的优点在于拥有稳定的客源、交通便利，可以说是发展得最为成熟、市场潜力最大的一种乡村旅游模式。

（二）资源依托型

资源依托型乡村旅游指的是农村依靠当地的特色资源来发展乡村旅游。一般来说，这种乡村旅游模式比较适合那些具有民族特色或地方特色的村庄。资源依托型乡村旅游模式的优势在于资源的独特性，这一点决定了其他地区很难借鉴此模式。因此，景区面临的竞争压力也较小。但是，具有民族特色的村庄多在少数民族地区，这些地区远离大城市，交通不便，客源无法得到保证。

（三）景区依托型

景区依托型乡村旅游模式的存在条件之一是发展旅游的乡村周围有著名的景区。这些乡村利用著名景区现有的交通、名气、客源等优势，来发展自身的旅游业。周边景区带来的客源带动了当地的住宿、餐饮、购物等旅游配套服务设施的发展。乡村旅游的发展带动了当地经济的发展，提高了当地土特产的销量，进而增加了农民的收入。

第三节　我国乡村旅游的特征与发展实践

一、我国乡村旅游的基本特征

（一）旅游景观类型的多样性

由于乡村旅游依托的地理环境、历史环境、景观生态及经济产业不同，乡村旅游的景观类型也呈现多样性特征。旅游景观的多样性满足了不同层次、不同类型、不同爱好的游客的观赏需求，也为旅游景区的规划开发提供了广阔的空间。

（二）游客体验的原真性

在中国的乡村旅游中，景观讲究自然，游客能够在乡村旅游中享受自然景观带来的乐趣。通过欣赏田园风光，游客能够充分感受到乡村旅游的魅力。

（三）旅游经营的低风险性

乡村旅游是在原有农业生产条件和资源基础上调整经营方式，并不破坏原有的生产形态。开发难度小，见效较快，风险较小。

二、我国乡村旅游发展实践

（一）成都“五朵金花”集聚发展模式

1．特色

四川成都是国际化大都市，其乡村旅游的模式也借鉴了其他国家的经验。

2．典型

在成都，富有“五朵金花”乡村旅游模式之称的三圣乡是中国最先发展起来的地区。三圣乡为了发展乡村旅游，特别制定了以乡村旅游为主题的“花乡农居”“江家菜地”等。这些特色旅游吸引了外地游客的目光，游客慕名而来，对本地的自然风光充满向往。这些主题的旅游项目吸引了大量游客。

3．建设方式

成都在建设上有两种方式：其一，“农户出资、政府补贴”，即农户自行对设施进行改造，政府补贴一部分资金；其二，基础设施现代化。政府出资对乡村设施进行改造，改造的部分包括污水处理、开通天然气、完善交通设施等，使完善后的乡村基础设施现代化。

4．发展方式

成都在发展乡村旅游时采取了以下三种方式：其一，利用现有的农村文化。例如，成都的幸福梅林是当地著名的旅游景点，幸福梅林每年能吸引大量的游客。其二，利用旅游产业让农民富起来。政府大力支持农民参与乡村旅游活动；农民积极拓宽自己的视野，开发新的旅游模式。其三，政府出资修建乡村基础设施，扶持乡村旅游经营者，开发新产品。

5．政府主导

为了扶持成都发展乡村旅游产业，成都政府出台了一系列相关政策，包括免收税费等，对自主经营的农户予以资金上的支持，要求农户自行经营的酒店达到五星级标准、五星级管理，打造品牌，促进成都乡村旅游的发展。

6．参与模式

参与模式应以政府为主，采用政府干预的模式，各部门联合，充分发挥市场作用。

在成都开展的乡村旅游模式中，“农家乐”模式最具有代表性。与其他一线城市（如北京）相比，成都的“农家乐”采用了与大城市接轨的模式，通过引入现代化技术，使这一模式开展得格外顺利。

（二）贵州“文化保护与传承”村寨游

贵州省山区较多，发展乡村旅游主要是依靠特色山区。这一类型的乡村旅游模式，经营者主要依靠销售当地特色产品来获得经济利益。贵州政府决定依靠景区来吸引游客目光。为此，贵州的乡村旅游模式结合了山寨特色，还结合了贵州本地文化，使前来旅游的人耳目一新。

1. 西江千户苗寨模式：在文化保护与传承中受益

（1）投资模式。西江是国家重点名胜风景区，受到了广大游客的喜爱。由于西江的资金状况与贵州其他地区有所不同，为了发展本地区的旅游产业，西江要从银行贷款或者通过融资的方式进行基础设施建设。除了银行的小额贷款，外商的投资、融资也对西江地区开展乡村旅游活动提供了很大的帮助。

（2）文化保护与传承者的受益。为了创造更多的经济效益，贵州政府决定将西江作为重点景区。

2. 巴拉河模式：人人参与，家家受益

贵州地区的乡村旅游模式的特点是人人参与、家家受益，具体表现形式为“社区农民组织+农户”模式。贵州的乡村旅游模式源于20世纪80年代雷山县郎德上寨。这个地区依靠苗族的民族特色，一切旅游项目均由该山寨举办，寨中的管理人员皆由村民担任。管理人员工作能力突出，有较好的沟

通能力与人际交往能力。

与郎德上寨相似的还有贵州地区的三棵树镇季刀村上寨，这个地区也具有较强的民族特色，是贵州地区乡村旅游的发源地之一。这个地区通过政府扶持不断地完善基础设施，完善网络设施，逐渐形成了以“协会+农户”为主的模式。该模式通过协会和农户的联合，极大地促进了本地区旅游业的发展。本地区遵循人人参与的原则，将每个人按照能力进行分工，并设置了很多项目组，如情歌组、刺绣组等。这个平台的搭建拓宽了村民的视野，增加了村民的收入，是目前我国乡村旅游业最推崇的模式之一。

在这种模式的影响下，贵州郎德上寨地区呈现团结一致、共同为贵州地区乡村旅游的发展而努力的局面。

3. 天龙屯堡模式：“政府+公司+农村旅游协会+旅行社”模式

贵州各地区纷纷效仿“巴拉河”模式，希望通过这种模式改善乡村经济，提高农民的收入。在贵州的天龙屯堡地区实行的以本地区为主题的模式，被称作“天龙屯堡模式”。贵州的天龙屯堡地区依靠特殊的地理位置，由堡中的精英组建公司，公司采用股份制模式，每一个参与建设的股东都进行了投资，这样就形成了“政府+公司+农村旅游协会+旅行社”的模式。这种模式的乡村旅游业有着政府干预的特点，也在贵州产生了巨大反响。

天龙屯堡模式有以下两个特点：

（1）多主体参与开发。天龙屯堡模式具有多方参与的特点。例如，在旅游规划和基础设施建设方面，政府负责进行规划。政府参与建设乡村基础设施；旅游公司方面根据政府的指示完成公司的初步规划和营销推广等工作；在农民旅游协会方面，组织农民参加由旅游公司组织的集体活动，如手工艺品制作等，农民旅游协会适当安排活动，能够激发农民参加旅游项目的积极性；村民方面应该积极配合各方的工作，维护本村旅游市场的正常经营秩序。

（2）收益分配自主。由政府扶持，投资方进行投资，农民自主经营旅游公司。政府不给予亏损时的补贴，农民自负盈亏。旅游公司为了保证农民的利益而制定相关政策，同时，公司会适当为居民购买保险。

这种模式体现了乡村旅游的优点，旅游产业需要通过各个环节来发挥最大作用。旅游不仅能减轻人们工作上的压力，还能让人们得到精神享受，这一模式能够保护本土文化不受商业侵蚀。以贵州地区的天龙镇为例，天龙镇乡村旅游总资产已经达到 1370 万元。其中，包括注资农民旅游协会的资金，参与这一模式的政府部门收益 113 万元，公司的门票收入多达 410 万元，旅行社为公司创造收益 786 万元，这一模式为广大村民提供了很多就业机会，提高了当地农民的收入。

（三）“北京模式”乡村旅游

1. 产品模式：区域特色鲜明，文化创意国际化

改革开放后期，国家提倡发展旅游业。特别是在经济发达的一线城市，旅游业要以文化特色为主，弘扬我国传统文化。因此，我国在北京设立试验点，要求北京市根据国家政府指示发展乡村旅游产业，从产品特色上做起。北京旅游产品的特色主要从两个方面体现：其一，在文化创意产业方面。北京旅游业注重文化特色，注重在文化创意上下功夫。政府要求北京旅游业经

营者增加旅游产品的文化内涵，让游客感受到北京的文化底蕴和中华传统文化的力量。其二，国际性。北京要接待来自全世界的游客，北京旅游公司通过为外来游客讲解中国传统文化，吸引部分投资者投资旅游产业。

（1）环城市旅游产品体系。北京的旅游公司通过多年来总结的经验，形成了一套新的产品体系。这个产品体系包括观光旅游产品、民俗旅游村、休闲度假村、观光农业示范园等。这些新兴的产品共同形成了北京市旅游业新的产品体系，具有类型丰富、布局合理的特点。

（2）新型业态旅游产品。北京的旅游公司推出了不同类型的旅游项目，包括乡村酒店、国际驿站、生态渔村、山水人家、民族风情园等。这些不同类型的旅游项目，使游客能够在工作之余得到充分的休息，也为北京市的经济发展作出了贡献。

2．营销模式：政府扶持、社区营销

（1）城乡社区：互动营销。政府鼓励北京当地的旅游局不断推出新活动来吸引游客。政府鼓励将北京附近的具有乡村特色的产品与当地旅游项目相结合，将乡村旅游产品送到街道社区，让城市居民感受乡村旅游产品的魅力。为了方便游客旅行，北京市专门在公交路线中增加了旅游专线，游客可以更方便地享受乡村生活的乐趣。

（2）目的地主题社区：品牌营销。我国旅游管理部门决心打造属于中国的乡村旅游品牌，进行品牌营销。为了加大旅游业的宣传力度，北京市旅游局和北京市农村工作委员会及北京市电视台，开展了全面的合作。为了扩大经营，增加收益，北京市旅游局与北京市事业单位联合推出了“寻找美丽

乡村”评选活动，获得“京郊最美丽乡村”称号的乡村有50多个，这些乡村为北京市旅游业的发展贡献了自己的力量。

3. 投资模式：政府部门联动，社会助推融资

（1）政府部门联动，完善基础设施。中国发展特色乡村旅游业需要资金的支持，因此，中国政府决定鼓励社会融资，共同推动乡村旅游产业向前发展。政府出资完善了乡村基础设施。北京政府鼓励交通委员会、农村工作委员会、科学技术委员会、文化工作委员会、园林绿化局、林业局等共同参与建设工作。

（2）社会资本助推，融资模式创新。为加大工作力度，一方面，政府出资对乡村的特色产业、基础设施等进行建设；另一方面，政府吸引社会资金进行投资建设。两方面资金对建设乡村基础设施以及发展乡村旅游业是十分有利的。

三、我国乡村旅游发展存在的问题

作为一种新兴产业，乡村旅游缩短了城市与乡村之间的距离，缓解了城市居民的生活压力，使他们感受到回归自然的快乐，享受乡村生活的乐趣。我国乡村旅游在发展过程中普遍存在着总量规模大、单体规模小、服务和管理水平参差不齐、产品同质化严重、缺乏特色、社区参与度不够等的问题。尤其是在产品方面，很多乡村旅游在开发中忽视了“乡村性”和“地方性”，对乡村旅游资源的文化内涵挖掘不够，不能满足不同层次游客的需求。

（一）产品同质化和初级化问题

1．同质化

各地推出的乡村旅游产品大同小异，主要包括农家乐、果园采摘、科技示范、田园观光、民俗体验、森林康体、湖泊休闲等。在一个较小的区域内，旅游产品的同质化趋势更为严重。除了历史积淀形成的地方特色和民间艺术之外，多数旅游产品都可以被轻易地复制。当这些内容雷同且季节性较为明显的乡村旅游产品面对同一市场时，特别是面对出游习惯和出游时间较为一致的客源市场时，竞争就变得不可避免，而且出现了一些恶性竞争，市场秩序和服务质量均受到影响。乡村旅游的区域特色越来越不明显，产品同质化现象日趋严重。

2．初级化

很多地方的乡村旅游至今仍停留在观光农业、农家乐的初级层次上，只发挥了“乡村餐馆”的功能，给游客提供的只有棋牌、麻将和农家餐饮服务。游客停留时间和消费内容受到限制，乡村特色旅游资源没有得到充分挖掘，该类消费也容易被其他多种多样的餐饮形式替代。有些地方虽然开发了其他旅游项目，但多是一些特点不够突出、体验不够深入、利润不高的产品。

（二）产业发展问题

1．旅游产品开发的深度和广度不够，产业过于狭窄

目前，我国大部分地区乡村旅游产业结构还未形成体系，乡村各种资源未能得到充分、有效的利用。除了农家乐模式发展较为成熟外，其他乡村旅

游项目不能满足游客多层次、多样化和高文化品位的旅游需求。乡村旅游产业发展缺乏创新设计，难以让游客感受到乡村旅游地的文化内涵。

2. 旅游产业上下游合作不紧密

乡村旅游产业的良好发展需要与其他行业之间进行紧密的合作交流。与乡村旅游业关联程度较低的行业，本身不具有降低自身收入来配合旅游业发展的义务，暂时也没有获得利益的可能，而这些行业在客观上又影响着乡村旅游的发展，如运输业与旅游景点之间缺乏合作交流，给旅游活动的策划、组织和实施带来了一定的阻力。但各地区在发展旅游产业的过程中是以区域发展为导向的，偏重旅游产业基地和旅游产业区的建设，而不是以产业链发展观为依据，忽视了区域内及区域间旅游产业链之间的联系，使乡村旅游产业发展明显滞后。

3. 龙头旅游企业未能起到引领作用

旅游产业集群发展的重要条件之一是由竞争力强的龙头旅游企业引领。龙头旅游企业在产业发展中能起到推动行业发展的作用，同时，龙头旅游企业在旅游产业发展中也应当有足够的空间来发挥引领作用。从事乡村旅游活动的企业规模普遍较小，竞争力不强，甚至有很多还是家庭作坊式的经营方式。如果没有龙头旅游企业引领这小规模企业，乡村旅游产业的发展速度将会受到影响。

（三）旅游基础与配套设施建设问题

1．基础设施落后

基础设施落后严重制约乡村旅游的发展。部分乡村地区交通、医疗等条件较差，不能满足乡村旅游的发展要求。交通问题是目前乡村旅游基础建设中最重要的问题。在环境保护方面，发展乡村旅游过程中产生的生活污水、人畜粪便和生活垃圾得不到妥善处理，乡村景观和民俗风情遭到破坏和干扰。一些乡村旅游的经营者对特殊的自然景观、古镇、特色民居保护不力。这些问题也会制约乡村旅游的发展。

一些乡村旅游的经营者对乡村旅游的性质和特点认识不足。一些经营者忽视了对农产品的开发，单纯搞旅游，靠卖门票来获得利润，结果越办越差，最后关门停业。一些经营者大兴土木，把乡村旅游区变成文化娱乐区，结果游客少，只好停业。

在建设社会主义新农村的背景下，乡村旅游产业与乡村经济的发展结合得越来越紧密，在农村产业结构中发挥着重要的作用。乡村在发展旅游业的过程中，往往忽视了产业自身的发展规律，未能从实际出发，在提升第三产业比重的同时，忽视了产业结构的平衡。乡村旅游的发展需要其他产业做支撑，片面地放大旅游的作用，不分主次，违背了地方经济的发展规律，旅游业持续、快速发展的目标将无法实现。

2．不同区（县）乡村旅游发展水平差距大，区域发展不平衡

发展乡村旅游是推进城乡统筹发展和建设社会主义新农村的重要手段。但从乡村旅游目前的发展规模、旅游总收入以及各项发展指标来看，各地乡

村旅游的发展情况差异很大。

3. 缺乏资金投入

近年来，虽然一些乡村的交通条件有所改善，但是大部分乡村地区的道路、水电等基础设施仍然落后。目前的投资还不能使乡村有足够的资金发展旅游业。很多山区虽然道路畅通，但通信设施不配套，卫生条件与城市相比相差甚远，其他基础设施建设的不同步与不配套严重影响了乡村旅游的开发进程。

（四）旅游服务与经营管理问题

1. 经营管理问题

乡村旅游经营管理不规范的问题表现在：

（1）旅游项目审批流程不规范。很多旅游项目没有申请报告，没有经过专家论证，也没有审批手续。

（2）旅游项目尚未纳入旅游管理部门的管理范围，其开业、停业都较随意，个别根本不具备经营条件的村、户也开张营业。

（3）价格不合理，任意定价，价格过高，甚至存在宰客现象。

（4）管理人员和导游文化素质差，服务水平低，不能满足游客的要求。

（5）对旅游项目没有严格的考察和动态跟踪管理制度，缺乏定期评估和淘汰制度。

（6）相关法律、法规不够完善。我国还没有有关乡村旅游的法律条文，政府也未出台相应的政策法规来对其进行保护和管理。经营者无法可依，游客的权利无法得到保护，政府行政部门管理无章可循。这种无法可依、自由发展的状况导致许多乡村旅游地的发展处于自发、盲目、无序的状态，这在一定程度上限制了乡村旅游业的可持续发展。

2．服务人员的专业知识欠缺

由于我国乡村旅游的开发和研究均处于初级阶段，从事乡村旅游经营和管理的人员较少，所以相关部门应对乡村旅游从业人员进行系统的上岗培训。而在实际的乡村旅游经营活动中，许多乡村旅游区的管理人员由村干部兼任或由当地农民担任。乡村旅游管理人员和从业人员普遍缺乏旅游行业的专业知识，这严重制约了我国乡村旅游业的发展。

（1）部分从业者服务意识不强。部分乡村旅游经营者缺乏经营理念，一些从业者服务意识不强，对旅游行业的专业知识知之甚少。一些乡村旅游经营者和投资商“重硬件、轻软件”，对乡村旅游地吸引游客至关重要的一些因素，如乡村环境、服务水平与质量等往往不够重视，注意力放在主体建筑、基础设施上，而不愿在经营特色、服务质量、社区环境方面进行投资，致使旅游服务水平无法达到游客的要求，严重地影响了乡村旅游的长期发展。

（2）乡村旅游经营不规范。乡村旅游专项人才的匮乏，严重制约着我国乡村旅游的发展。许多乡村旅游的管理人员由村干部兼任，乡村旅游的迅速发展与从业人员的专业素养偏低相矛盾，乡村旅游业处于粗放经营的状态，形成了轻管理、低质量、低收入的恶性循环，严重制约了乡村旅游业的可持续发展。

（3）乡村旅游的经营管理缺乏统一的标准。目前，我国乡村旅游的发展基本是农民或投资者的自发行为，相关部门没有对乡村旅游的经营管理进行统一的规划，各地乡村旅游在开发上存在着小、散、乱的问题。多数开发经营者急功近利，只注重自己的眼前利益，对旅游服务缺乏热情。旅游管理部门目前还没有针对乡村旅游的发展制定标准，如从业资格、环境条件、服务标准等，致使乡村旅游业的发展一直处于初级阶段，乡村旅游从业者的权益无法得到充分保障。

在建设社会主义新农村的过程中，乡村旅游成为帮助农民脱贫致富、促进乡村经济发展的新途径。部分乡村地区在发展旅游业的过程中，过分追求旅游带来的经济效益，忽视了其社会文化价值；过度重视乡村旅游的经济带动作用，忽视了乡村旅游发展的可持续性。

（五）旅游产品的开发问题

1．旅游产品的结构不合理

通过研究相关的数据可以发现，整体包装的旅游产品销量较好，零散的旅游产品往往销量一般。因此，我们要加强对旅游产品的整体包装设计，在产品设计中融入当地的文化元素，使旅游产品具有旅游地的特色。

2．旅游资源的开发和设计力量不足

虽然中国的旅游行业已经有了三十多年的历史，但现在旅游产品的研发上还处在模仿阶段，具体表现在：第一，开发的层级较低，目前乡村旅游的模式大部分是传统的观光旅游，没有设计那些能够让游客参与的项目；第二，度假旅游和商务旅游这些目的性较强的旅游产品的设计与开发也处于较低的层次，与国外同类型旅游产品相比存在较大差距；第三，在各种类型的旅游产品的设计与开发过程中，没有考虑引入一些现代科学技术，使得特

色旅游产品很容易被同行复制、模仿。

3．对旅游地所独有的传统民俗民风没有进行综合的利用

不少旅游地没有大力挖掘本地区的民俗文化，致使本地的旅游产品对游客的吸引力不够，旅游产品的销量不佳，无法获得理想的经济利益。我国的旅游业虽然也已经发展了三十多年，但是因为不少经营者的观念没有及时更新且急功近利，只是模仿其他地区的旅游产品，而没有着眼于本地区的民俗民风科学开发旅游产品，也没有在产品中体现出本地的传统特色。

4．缺乏打造旅游品牌的意识

旅游市场的竞争往往体现在品牌与形象这两个方面。品牌受到认可，该地区的旅游产品也会有一个良好的销售前景。从这个角度而言，旅游区的品牌对本地区的旅游业而言是一个至关重要的无形资产。目前，相关从业者还缺乏打造旅游品牌的意识，大多不重视这一工作。乡村旅游经营者没有形成市场经济中的形象意识，没有使旅游景区形成良好的品牌效应，不但不利于本地区旅游产业的长远发展，而且也不利于景区与旅游产业投资者的合作。

第三章　旅游与乡村建设

由于自然条件、文化传统、经济发展水平等各方面存在差异，不同的地区在旅游业的发展与乡村建设风格上差别较大，乡村旅游与乡村建设的融合方式也因此各具特色。本章基于国内外旅游与乡村建设融合发展的特点，对未来的乡村建设、旅游业的发展及两者融合发展的趋势进行分析。

第一节　国外“旅游业+乡村建设”驱动发展模式的特点

一、融合驱动发展与因地制宜

世界上每个国家都有其独一无二的民族特色与人文风光，最初他们通过大自然的馈赠，孕育出自己独有的文化并代代相传。如今，他们将自身独有的民族传统与自然环境相融合，开拓了旅游业的新领域，促进了乡村建设的发展，走出了独具特色的融合驱动发展模式。他们的成功为我国旅游业的改革和创新提供了方向与经验。

二、乡村旅游以提高农业资源附加值为主，“三农”地位不动摇

发展旅游业与乡村建设相结合的融合驱动模式必须以农村现有的农业资源为基础。乡村现有的农业资源包括自然风光、民风民俗、农庄牧场等。乡村旅游业是在此基础上对农业资源进行包装，提高其附加值，从而吸引游客的一种旅游方式。从国外现有的乡村旅游业来看，其开发只是提升了农业资源在休闲娱乐领域的功能，在一定程度上提高了其经济价值。他们的旅游

项目大多是到休闲度假村度假等，没有以牺牲农田、农业生产和农业文化为代价。

三、提供就业岗位，改善民生问题，促进当地经济发展

如何吸引居民参与乡村旅游建设，是当地政府在发展乡村旅游时面临的问题之一。政府部门要进行积极地宣传。政府的宣传是敲门砖。宣传能使居民对乡村旅游有了足够的了解，能使居民更容易参与到乡村旅游的建设中。例如，日本水上町是一个被称为“农村公园与工匠之乡”的地方，传统产业与新兴产业并存，其民俗培育园吸引了日本各地的手工艺者来此谋生，当地的居民也开始学习手工艺品制作。18 世纪 90 年代末到 19 世纪 20 年代初，每年来这里游玩的游客达 40 万人，给当地居民与政府带来了巨大的收益。

四、多方关注，互助前行

纵观国外乡村旅游业发展的成功案例，我们不难发现，发展乡村旅游业，政府、非政府组织、乡村旅游企业三者缺一不可。政府提供法律保障和政策保障，对乡村旅游进行宏观管理、政策引导等；非政府组织对乡村旅游业的

发展提供了坚实的保障和信息技术的支持；乡村旅游企业为游客提供了多种多样的旅游产品，促进了乡村旅游业的不断发展。

第二节　国内旅游与乡村建设融合发展的特征

我国地域辽阔，就国内旅游的发展情况来看，可以划分为以下几个区域：东部、中部和西部地区。为了对国内旅游与乡村建设融合发展有一个较为全面的了解，我们有必要深入分析这些地区部分具有代表性的省、市旅游产业的发展及乡村建设情况，根据实际情况进行客观评价，把这些地区的国内旅游与乡村建设的典型案例和取得的优秀经验总结出来，以便各地区相互借鉴，共同发展，促进国内乡村旅游业的发展。

一、东部地区旅游产业与乡村建设融合发展

东部地区主要指的是一些东部沿海城市。一些沿海大城市人口密度大，城市建设快，经济发展良好，新兴领域不断涌现，吸引了大量的人才。沿海地区形成了几个非常有影响力的城市群，比如，渤海湾城市群、东海湾城市群等。

乡村旅游开始于20世纪80年代中期，在东部沿海发达地区率先发展起来。最初的“农家乐”旅游是乡村旅游的雏形阶段，主要出现在大城市的近郊，形式以休闲游玩为主，没有统一的标准，特色也不明显；后期经过不断改进，逐渐发展起来。近几年，北京、上海、山东、海南等地都形成了配套比较成熟的乡村旅游产业。

东部地区的旅游业起步比较早，具有接待能力强等特点。东部地区旅游业的发展有着客观的有利条件。泰山景区等自然文化景观以及景色优美的自然资源，都是发展旅游业的有利条件。东部地区在二十余年的旅游发展过程中，开发出了许多具有特色的旅游产品，吸引了国内外大量游客，这些旅游产品在国内旅游市场具有明显的竞争优势。该地区针对不同的游客，开发了不同的旅游产品，有观光、游学、培训、度假、医疗保健、商务旅游等，满足了不同客户的需求。其中，深厚的文化底蕴是东部地区旅游产业发展建设中的一大特色。乡村旅游的发展与旅游地深厚的文化底蕴密不可分。经过多年的发展，东部地区已经形成了较为成熟的旅游市场。

东部地区不但名胜古迹众多，具有独特的地域特色，而且有数不胜数的历史名人给我们留下的丰富的文化遗产。这些都成了优质的旅游资源，是塑造品牌的重要手段。被誉为“没有围墙的博物馆”的文明古城——浙江绍兴，是一座具有2500年历史的古城。绍兴名人辈出，相关旅游经营者可以用名人故居将历史名人的故事与城市发展历史有机地结合起来，同时，还可以以名人的故事为热点，把有关这些名人的书籍作为旅游产品，推向旅游市场。名人与当地文化的融合促进了东部地区旅游业的快速发展。当地旅游经营者通过深度挖掘绍兴的文化资源，设计出各种具有地方特色的旅游产品，吸引了大量的国内外游客。当地旅游经营者精心打造了一系列江南水乡别具一格的旅游景观，如古越文化游、绍兴水乡风情游、山林生态游等；除此之外，还展现了水上社戏、古桥鉴水的越地风情的特色体验游。东部地区的乡村旅游结合了当地独有文化底蕴，使当地乡村旅游业走上了一个新台阶。

东部地区独特的自然景观与当地的乡村旅游业取得了很好的融合效果。各省、市结合自身旅游资源形成了各具特色的省、市内旅游线路。东部地区结合当地乡村建设发展的实际情况，开发了具有娱乐性和可参与性的乡村旅游项目。娱乐性和可参与性是旅游产品的特色标志，游客全身心地投入旅游活动中，通过亲身参与活动，使游客身心愉悦，不但感受到当地的特色文化，而且获得了难忘的旅游经历。

东部地区的乡村旅游重点项目是休闲游。不仅城市，乡村也具有开发休闲游的条件。东部地区在休闲旅游产品的开发过程中已经进行了成功的探索，同时，依托良好的生态环境与人文环境，开发了特色旅游项目。比较有代表性的是北京、上海、山东和海南等地。这些地区共同推动了东部地区乡村建设和旅游项目的融合发展。

（一）北京市乡村旅游的发展

作为东部地区旅游与乡村建设融合发展的典范，北京市乡村旅游是发展比较成功的案例，具有一定的借鉴意义。《北京市休闲农业与乡村旅游发展报告（2013）》对北京市乡村旅游的发展状况进行了总结：在国家政策的支持和指引下，北京市休闲农业与乡村旅游呈现出了产业形态多样、项目质量逐步提高、集群式发展等特点，而且开发模式呈现出不断创新的特征。

第一，产业形态日趋多样。最初的乡村旅游就是简单的农家生活体验游，如吃农家饭、住农家院、摘农家果等。随着旅游模式的不断变化，游客的需求也发生了变化。具体来说，就是向休闲农庄、休闲农业等多种模式发展。休闲旅游的功能也日趋丰富起来。

第二，项目质量逐步提高。北京市周边的乡村建设项目的质量一直都在逐步提高，满足了游客对乡村旅游的需求。一些大项目的启动带动了北京周边旅游产业的发展，大幅提升了综合效益。如蓝调庄园、紫海香堤等一批农业创意项目将文化与科技农业有机地结合在一起，让人耳目一新。

第三，集群式发展模式被普遍认同。乡村旅游如果要找到出路，必然要依靠区域分工、资源整合、产业合作、相互融合。单靠一两家的成功是很难生存下去的，要形成一个产业链，才能实现可持续发展。所以，农民意识到旅游项目不可能只依靠一个区域，应该通过与周边的园区、相邻村庄的合作来实现。政府应在把握全局的基础上，通过合理规划来满足游客的需求。

第四，开发模式不断创新。北京地区乡村旅游的发展，不是单纯地通过传统的开发模式，而是要结合当地乡村的一些基本情况，进行全盘布局，综合开发。投资主体朝着多元化、股份社会化、经营专业化方向发展。北京地区的乡村旅游通过发展乡村旅游合作社，提高了农民在资源开发、市场开拓等领域的发展能力。多元、联合的特点给北京乡村旅游的发展带来了新的契机。

第五，建设空间布局日益合理。北京地区最初的乡村旅游，主要依附于某些著名的景区，如十三陵周边的采摘园、十渡景区周边的农家院等。随着乡土文化、农业文化开始受到人们的欢迎，一些非著名的旅游景点也增设了大量的休闲农业项目。

北京的休闲农业呈带状分布在城市周边，旅游产业的建设充分结合了资源特色。近郊平原区自然山水资源匮乏，以农业为载体，以观赏游览、体验农村生活为主要方向，高科技农业观光园、农业主题公园、垂钓场、温泉度假村、生态餐厅等项目得到了较快发展。远郊平原和丘陵地带农业资源非常丰富，民风古朴，以观光采摘园、休闲农庄、健康疗养、农村文化体验等为主。远郊山区则结合丰富的自然风光、长城遗迹等旅游资源，特色采摘、民俗旅游、森林度假等旅游项目得到了发展。北京周边带状乡村旅游群根据地理位置的不同，集中最具优势的资源发展旅游经济，带动了北京旅游业的发展。

作为东部地区发展乡村旅游的典范，北京市在发展乡村旅游的过程中获得了很多宝贵的经验。北京的乡村旅游建设坚持以游客的需求为导向，以创新为动力，以发展为基础，以特色资源为依托，以提高农民生活水平为目标。

（二）上海市乡村旅游的发展

上海市把发展乡村旅游的重点放在休闲农业与乡村旅游的协调发展上来，在发展乡村旅游的同时，推动传统农业向休闲农业转变，形成了观光农业园区、观光农业基地和观光农业镇等多种业态。

上海市乡村旅游的发展给本地农民创造了就业机会，增加了农民的收入，带来了良好的经济效益。此外，乡村旅游使农业资源得到深度开发，调整和优化了农业结构；增加了农副产品的销售利润，带动了相关产业的发展；

实现了农业和旅游业的结合，实现了两者间的优势互补。

上海市乡村旅游的发展给当地带来了很好的社会效益，通过完善旅游基础设施，改善了农村的生活条件，提高了农民的生活质量；改善了农业的生态环境，增强了城乡间的交流互动；通过培训和接待服务，推进了农村精神文明建设。总之，上海市通过发展乡村旅游业，加快了建设社会主义新农村的步伐。

上海市在发展乡村旅游过程中，不仅保护和发展了当地的传统文化，还促进了不同文化之间的交流。发展乡村旅游对上海市的农村来说，为城乡一体化创造了有利条件；对农业来说，促进了农业产业结构的调整，拓宽了农业生产的内涵和外延，发挥了农业在生态保障、观光休闲、文化传承等方面的特殊功能，促进了与国际接轨的科技农业的发展；对农民来说，更新了观念，扩大了就业面，增加了收入。

乡村旅游的概念在上海地区实际上指的是郊区乡村旅游。发展郊区乡村旅游是推动上海新郊区建设的一项重要举措。政府重视、政策扶持、招商环境优良等这些有利条件促进了上海郊区乡村旅游的发展，为增加农民收入、提高区域竞争力开创了一个新途径。

（三）山东省乡村旅游的发展

山东省是儒家思想的发源地，有着悠久的历史文化，民风淳朴。山东省深厚的文化底蕴与几千年的传统农耕生活是密不可分的。作为一个农业大省，山东省在农业上有着丰富的资源。山东省优质的农产品输出到全国各地，甚至远销到国外，并呈现逐年递增的趋势。省内丰富多样的地貌孕育了丰富的物产资源，如烟台苹果、胶东大白菜、莱阳梨、肥城桃等经济作物的种植历史悠久，驰名国内外。另外，山东将科技引入农业，创造性地采取集约化结合产业化的生产模式，形成了现代化的养殖基地，实现了村村有特色，乡乡有产业，再加上政府的大力扶持，奠定了山东省发展特色乡村旅游的坚实基础。

早在20世纪80年代，山东省发展乡村旅游的巨大潜力就已显现出来，山东旅游局对此非常重视。经过不断更新、发展，目前已经形成了一定的规模。与此同时，围绕社会主义新农村建设，围绕“增加农民收入、改善农民生活条件、促进农村经济发展”的目标，山东省政府大力扶持乡村旅游产业。乡村旅游带来的积极效应激发了广大农民参与乡村旅游的积极性。农民组建区域联合、特色联合、供销联合的合作组织，本地企业家纷纷投身到乡村旅游的发展中，很多新的旅游形式被开发出来。乡村旅游的快速发展带动了整个乡村的建设。由此，山东省的乡村旅游建设也快速地发展起来。

（四）海南省乡村旅游的发展

海南省最近几年不断招商引资，以当地的生态环境为依托，大力发展特色旅游，形成了以服务东北固定客户群为主的乡村旅游平台。特别是冬季，大量东北人迁移至海南，躲避冬天的严寒。这种“季节性流动的大军”为海南旅游业的繁荣提供了重要砝码。政府也大力开展文明生态村建设，这也成为海南省发展乡村旅游的政策基础。自2000年起，文明生态旅游开始兴起，全省陆续建了 12000 个文明生态村，50%的自然村都被建设成了文明生态村。海南在快速发展生态文明游的同时，也暴露了一些需要改进的问题。例如，有的地区生搬硬套，旅游项目千篇一律；有的名不副实，没有真正形成乡村的生态农业，还存在破坏当地地形、地貌的现象；有的缺乏管理，比较混乱，使消费者失去了信心。即使存在诸多亟待改进的问题，我们也应当肯定海南的文明生态村建设确实发展了海南的经济，带动了乡村的配套建设，使乡村的面貌发生了很大的变化，农民的生活条件也大大提高了。乡村旅游同文明生态村的有机结合成为海南乡村旅游的新亮点。

二、中部地区旅游产业与乡村建设融合发展

中部地区包括山西、安徽、江西、河南、湖北、湖南六个省份，地处中国内陆腹地，位于长江和黄河中游地段。

中部地区坚持“三个基地、一个枢纽”建设理念，即粮食生产基地、能源原材料基地、现代装备制造及高新技术产业基地和综合交通运输枢纽；加强武汉城市圈、长株潭城市群、环鄱阳湖城市群、江淮城市群、中原城市群等重点区域的开发力度，实现重点区域率先崛起，进而带动整个中部崛起。该区旅游资源十分丰富，交通区位优势突出，经济基础也较为雄厚，具有很大的发展潜力，为将当地旅游业发展成该地区第三产业的支柱产业奠定了良好的基础。

中部地区的旅游资源开发潜力巨大。从全国旅游资源的分布来看，中部地区地跨中原古文化旅游资源区、华东园林山水旅游资源区和华中名山峡谷旅游资源区，是一个集山水自然景观、中原古文化人文景观于一体的旅游资源聚集之地。旅游资源储备在全国占有突出的地位，重点旅游景点和黄金

旅游项目的数量均位于全国前列。该地区丘陵覆盖面积大，特别是皖南、赣南、湘西、鄂西及大别山地区，是国家级、省级森林公园和自然保护区分布的主要地区，具备发展以回归自然为主题的生态旅游、探险旅游、休闲度假旅游和乡村旅游的良好基础。在国家中部崛起规划的政策背景下，随着环境保护、可持续发展、低碳生态经济等理念和政策的提出与应用，中部地区的乡村旅游迎来了大发展的良好契机。

中部地区乡村旅游的开发和利用结合了自身的特点，有针对性地把旅游和乡村建设看作一个整体，实现融合发展，其特点可以总结为以下四个方面：

第一，东部地区乡村旅游的发展结合了当地乡村旅游发展面临的实际问题，借鉴了发达国家的成功经验，对症下药，使乡村旅游呈现新的发展态势。

首先，把发展乡村旅游纳入解决农村问题，推动农村经济发展的战略范畴，从政策层面进行有效推动。

其次，突出强调保持乡村自然人文环境的原真性。乡村旅游与其说是在乡村空间里旅行，还不如说是在乡村概念中旅行。乡村魅力对都市人群来说，或许并不是换一个“地方”，而是换一种“价值观”，这一点在中部的乡村旅游发展中得到了充分体现。中部地区参考法国、日本等一些旅游业发达的国家，在进行乡村旅游资源的开发和规划时，非常重视在原有的一些遗址上进行复原和整修，尽可能地保持具有传统特色的民俗景点或博物馆，使之成为具有乡土气息的综合博物馆。

最后，中部地区的乡村旅游客源从区域性向跨区域、国际化方向转化。

乡村旅游在起步阶段一般以近郊旅游为主，客源多为附近城市的居民。随着乡村旅游产业规模的扩大，主要的乡村旅游目的地日益注重品牌建设，加大了宣传的力度，客源构成趋向多元，一些知名的乡村旅游目的地吸引了大量的国内游客及境外游客。乡村旅游的国际化随着全球化进程的加快而加快。中部地区很多省、市在发展乡村旅游的过程中融入了国际化的建设思路，并取得了一定的成效。

第二，中部乡村旅游结合生态旅游，走可持续发展的道路。乡村旅游是在体验乡村生活的市场需求下兴起和发展起来的，强调的是乡土味、自然味和原生态，本质是生态旅游。中部地区在发展乡村旅游的过程中，旅游管理部门重视抵御标准化、商业化和城市化对“乡村性”的侵蚀。地方政府加强管理和引导，在建筑风格改造、修建停车场、垃圾处理、使用清洁能源等方面都严格控制，保持乡村气息，把公共设施设计成体现乡村性的形式，如“麦秸垛”式的停车场、豆栅瓜架下的餐厅、拱顶绿坡式的垃圾场等。为防止乡土文化被同化，相关部门积极对游客的旅游环境意识进行宣讲，培养接待地乡村居民对当地风俗的感情，让乡村居民明白：虽然农耕文化从社会发展阶段来说是落后的，但“人与自然和谐共存”的生活方式是人类共同向往的一种生活状态。

第三，中部的乡村旅游注重发展新型旅游项目，增强旅游的体验性，开发高质量、高层次的乡村旅游产品。中部地区在乡村旅游项目开发中通过丰富、生动的体验项目来满足游客的个性化旅游需求，开展了如笨猪赛跑、野鸭放飞等动物表演，以及田间放羊、放鸭，果园采摘，烧柴做饭，农家喂猪等特色农事劳动。同时，中部地区还设计了一些能使游客沉浸其中的深度体验项目，如“当一天农民”“做一回渔夫”等，让游客最大限度地与当地居民接触，了解不同的生活方式。

另外，中部的乡村旅游还通过开发高质量的乡村旅游产品来适应市场，带动、引导市场需求向更高的层次发展。例如，平安村、镇山村、周庄等乡村旅游目的地都出现了“阳朔现象”。同时，中部地区在开发农业观光产品的过程中，通过加强科普教育，使游客在旅游休闲的同时，获得现代农业科技知识；通过开辟生态农业区，为游客提供参与农业劳动的机会，以开发旅游经济的方式来保证生态农业的发展；在文化旅游资源丰富的偏远地区，通过加强旅游地的文化气息，增加度假型、参与型旅游产品的开发，适应人们不断增长的精神文化需求。

第四，中部地区在发展乡村旅游的过程中通过强调“人”的因素，不断完善乡村旅游服务人员的培训体系，提高乡村旅游从业人员的服务水平。相关部门通过举办系统的培训，强化乡村旅游从业人员的服务意识，提高当地乡村旅游的接待水平；通过认真总结地方民俗文化和风土人情，加强乡村旅游从业者的服务意识，突出服务的“特色”，使乡村旅游与当地民俗、乡土文化有机地结合在一起，使中部乡村旅游项目的文化品位和服务档次得以提高。

总之，在国家中部崛起的政策背景下，中部地区特别是安徽、河南等乡村旅游地坚持走与生态旅游、文化旅游相结合的可持续发展道路，营造了良好的生态环境，同时不断挖掘民族文化的内涵，开发出具有中国特色的乡村旅游项目。乡村旅游与乡村建设在融合中不断发展。

（一）安徽省乡村旅游的发展

安徽省的旅游资源十分丰富，主要有世界自然和文化双遗产的黄山、佛教圣地九华山、革命老区大别山，以及中国四大淡水湖之一的巢湖等风光秀美的山水旅游资源；有古村落宏村和西递、农村改革发源地小岗村等著名的历史文化村镇；有砀山梨园、长丰草莓园、大圩乡十里渔场等乡村田园风光，以及迪沟生态园、合肥大圩都市农业园等现代农业风貌；有当涂民歌、巢湖民歌、花鼓灯等民间音乐舞蹈，徽剧、庐剧、黄梅戏等传统戏剧，徽州三雕、宣纸、徽墨等民间工艺。

早在 20 世纪 90 年代，安徽省就在全国率先开展了“旅游开发扶贫”工作，涌现出黄山翡翠新村、颍上八里河等一大批“旅游富民”的典型。经过多年的发展，安徽省乡村旅游逐步形成了景区依托型、都市依托型、交通枢纽型三大发展模式。从发展情况来看，皖南地区自然资源丰富，古迹众多，当地农民逐渐从“靠山吃山”转为“念好旅游经”，是景区依托型的代表；合肥周边的大圩、长丰、肥西等地依托“省会经济圈”的天然优势，打造了草莓节、桃花节、葡萄节等乡村旅游品牌，是都市依托型的代表；合铜黄、合淮阜、沿江高速公路的沿途农户依托交通优势开展“农家乐”等旅游项目，是交通枢纽型发展模式的代表。

（二）河南省乡村旅游的发展

河南省是我国的农业大省，也是我国农村人口最多的省份之一，乡村旅游资源十分丰富，是中部地区乡村旅游发展较好的省份之一。该省乡村旅游资源与产品类型较为丰富，发展比较好的类型主要有两种：一是乡村自然风光型，即乡村自然资源优势突出的地方，如洛阳、栾川、济源、焦作、新乡等地；二是现代新农村型，即农村现代化建设比较好的地方，如“红色乡村”临颍县南街村、新乡市凤泉区耿庄村等。从地理分布上看，河南省乡村旅游景点主要分布在三种区位：一是都市郊区，如省会郑州市环翠峪、洛阳市南村、新乡市凤泉区等；二是风景名胜区的周边，如“中国农家宾馆第一村”的重渡沟、养子沟七星园度假山庄；三是边远贫困地区，如平顶山市鲁山县四棵树乡张沟村、安阳的滑县等。在三种区位中，景点分布最多的地方是城市郊区，如郑州、洛阳、新乡等大中城市的郊区。

河南省地处北亚热带和暖温带，地形大致分为山地、丘陵、平原（含盆地）三大类型，拥有丰富的农业资源和多姿多彩的传统民俗。复杂的地形条件、明显的过渡性气候，黄河、淮河、海河、长江四大江河水系的滋养，使全省形成了各具特色的农业生态类型及景观区域组合。河南省有着丰富的动植物资源，盛产苹果、梨、桃、枣、葡萄、樱桃等多种温带水果和各种蔬菜、花卉，形成了各种生产示范基地。结合这一特点，河南大力发展庄园式乡村旅游项目，并把互动式休闲农业活动融合到了乡村旅游项目中。河南农业文化不但地域特色明显，风格各异，而且乡土气息浓厚，对游客有着很强的吸引力。

河南省交通便利，区位优势明显，为本地乡村旅游业的发展提供了重要的物质基础。河南省位于中国中东部，连南贯北、承东启西，是中国内陆交通的重要枢纽。铁路、公路、航空等交通方式一应俱全，四通八达的公共交通加上城市居民私家车的普及，为乡村旅游的发展奠定了坚实的物质基础。

河南省在发展乡村旅游的过程中，摸索出乡村旅游与新农村建设相结合的发展模式，其发展趋势是主题化、休闲化、人文化和科技化。主题化，即鲜明的主题有助于形成比较突出的市场形象；休闲化，即居民日益增长的精神需求推动观光农业旅游项目的发展；人文化，即体现本地的文化底蕴、悠久的历史传统；科技化，即运用现代科技手段创造千姿百态的观光农业产品。

（三）湖北省乡村旅游的发展

湖北省的乡村旅游业发展迅速，全省主要乡村旅游景区已基本形成食、住、行、游、购、娱为一体的产业综合发展体系。同时，在保护农村自然环境和完善基础设施的过程中，乡村旅游从业者的接待水平也有了很大提高，乡村旅游在产品类型和产品层次上也有了不同程度的发展，从过去单一的观光游览和餐饮娱乐产品形式，向观光度假、购物娱乐、文化科教等多功能融于一体的产品格局发展。随着湖北省社会主义新农村建设的不断推进，湖北省的乡村旅游环境得到了优化，各项配套服务设施也逐步得到了完善。各地政府通过主动发挥旅游资源优势，努力与社会主义新农村建设相结合，使旅游产业与乡村建设融合发展。

（四）湖南省乡村旅游的发展

湖南省生态旅游资源丰富，有着丰富的文化底蕴。省内多山，地势南高北低，山地和丘陵占全省总面积的2/3。湘西少数民族众多，拥有列入《世界自然遗产名录》的武陵源自然风景区，以及五岳之一的南岳衡山，有许多秀丽的自然景观和丰富的人文景观。由于历史原因，湘西众多的苗族和土家族村寨得以保留，形成了独特的原生态少数民族文化景观。在这些民族村寨中，处于原生态的文化遗产与乡村自然环境相辅相成，对游客有一种神秘的吸引力。

湖南的乡村旅游大致可以分为三种模式，即依托城市的城郊型农家乐模式、依托大型景区的乡村观光与体验型模式和依托特色村寨及其群落的乡村深度体验型模式。依托城市的城郊型农家乐模式定位于为城市居民提供休闲的“后花园”，如益阳市开发的“竹乡农家乐”“樵乡农家乐”等农家乐旅游产品系列。竹乡农家乐旅游突出“做客竹乡农家，亲近美好自然”的主题，吃的是竹宴，用的是竹家具，观的是竹海，购的是竹制品。这类模式一般为周末一日游或两日游，具有群体比较固定、重游率高、市场营销周期短等特点。

依托大型景区的乡村观光与体验型模式主要依托成熟景区的知名度设计乡村文化旅游项目，让游客在观赏知名景区的同时，体验具有浓郁特色的乡村风情。例如，湖南德夯风景区的德夯村和凤凰古城、张家界风景名胜区。德夯壮美的自然景色、美丽的田园风光、独特的苗族民俗文化与张家界风景名胜区形成优势各异的旅游资源富集区。

此外，城市居民热衷于体验乡村生活，这也催生了依托特色村寨及其群落的乡村深度体验型模式。湖南省境内有很多本土文化保存完好、环境宜人的村寨，这为湖南省发展体验式乡村旅游提供了很好的条件。如岳阳市的张谷英村、永顺县的王村古镇等，这些地方通过保护性开发，使历史文化资源和乡村旅游很好地融合在了一起。这种类型的旅游开发建设依托民族文化、地方历史文化的深厚积淀，一方面可以吸引热衷于探秘的城市居民参与，另一方面可以开展境外游客的乡村深度体验旅游，市场潜力巨大。湖南省为保护村寨的文化遗产免遭破坏，依托乡村旅游的文化资源与环境资源，根据个性化的消费需求开发了不同消费层次的旅游产品，同时严格遵循保护优先的原则，制定了相应的规划和设计标准。

三、西部地区旅游产业与乡村建设融合发展

西部地区包括重庆、四川、贵州、云南、广西、陕西、甘肃、青海、宁夏、西藏、新疆、内蒙古 12 个省、市和自治区，是我国少数民族聚集的地区。西部地区疆域辽阔，经济落后，但环境污染小，加之地形以山地、高原、丘陵为主，山石奇特，水草丰美，蓝天白云，旅游资源十分丰富，从沙漠绿洲农业到草原牧业，从平原种植农业到山区立体农业，从池塘、水库养殖到特色种植，一应俱全，可以满足内容多样的乡村旅游产业的需求。此外，西部地区还是少数民族聚居区，多姿多彩的民间传说、民间工艺、居住文化、服饰文化等都具有潜在的旅游价值，对想了解中国传统文化的境外游客具有巨大的吸引力。西部地区空气清新，农产品多为无污染的绿色食品，在乡村旅游与乡村建设融合发展的过程中，以农业为依托发展旅游，对农舍、田园、果园加以美化、修饰，使乡村旅游资源开发成本相对较低，成为西部地区乡村旅游开发的经济优势。

作为西部地区实现农村繁荣、农业发展、农民增收的主要手段，乡村旅游成为西部农村经济发展的新思路和西部农村经济结构调整的新途径。西部地区有着丰富的乡村旅游资源，乡村旅游的发展无疑会为西部经济的发

展增添新的亮点。西部地区乡村的许多村寨本身就是一座座人文生态博物馆，具有很大的旅游开发价值，但旅游开发很有可能会破坏原有的人文生态，从而失去民族文化的独特性。鉴于此，西部乡村旅游应坚持既要进行充分的开发、利用，又要做好乡村旅游资源的保护性开发。

总的来说，与其他地区相比，西部地区的区位条件和旅游资源开发价值参差不齐，旅游基础设施建设也比较落后，西部乡村旅游的发展具有明显的西部特点，其中，以四川省和广西壮族自治区较为典型。

（一）四川省乡村旅游的发展

四川省拥有良好的生态及旅游资源优势，随着城乡统筹建设的深入推进，四川省乡村旅游产业的发展尤为迅速，形成了以乡村旅馆、特色餐馆、观光农园、民族风情体验、乡村度假酒店、生态农业、古村古镇为主的乡村旅游项目，在发展乡村旅游方面前景广阔。

20 世纪 80 年代初，成都市开始发展农家乐旅游，成为中国较早发展乡村旅游的地方。四川省的农家乐主要分布在大中型城市的郊区，就整体而言，四川省的农家乐为游客充分展示了川西坝子特有的田园风光、民俗风情和古老的巴蜀文化，具有浓郁的“川味”；就局部而言，它又凭借自然条件和区位的特点，形成风格各异的旅游项目类型，包括农家园林型、花果观赏型、古迹民俗型、特色饮食型、特色手工艺型、农业科技型和特色主题型。如成都市郫都区的农科新村在四川最早开设了农家乐旅游项目，把花卉农业产业化与观光农业有机地结合在一起；内江的长坝山桃花观赏和森林旅游已初具规模；自贡三多寨的桃花、梨花颇负盛名；乐山的城市农业初具规模；

仁寿县曹家乡的梨花会，兼有观光和招商的功能。

作为“中国农家乐发源地”的成都，从 2004 年 6 月 1 日起实施《农家乐开业基本条件》和《农家乐旅游服务质量等级划分》两项地方标准后，各地的农家乐纷纷响应，积极依据该标准对农家乐进行整改，已有一大批优秀的星级农家乐涌现出来。自从农家乐模式诞生以来，四川省很快就成为全国农家乐旅游发展最快的省份之一。

四川省乡村旅游的发展主要分为三个阶段：第一个是自发阶段（1987—1991 年），规模小，较为分散。第二个是形成规模阶段（1992—2002 年），规模逐步扩大，功能逐步完善。在郫县（现郫都区）农科村的带动下，成都周边乡村纷纷发展“农家乐”旅游，从事旅游接待的农户迅速增加。第三个是规范阶段（从 2002 年至今），旅游氛围比较浓厚，旅游特色更加突出，旅游规范标准逐步建立和完善。

目前，四川省乡村旅游的发展又呈现三种不同的特点：一是城市依托型。依托大城市就近的客源市场，利用农村、农园的自然生态和乡村文化，从吃、住、游、购、娱等多方面满足城市居民周末休闲度假的需求。二是景区带动型。以重点旅游景区为核心，把旅游景区的部分服务功能分离出来，吸引和指导周边乡村的农民参与旅游接待和服务，从而带动景区周边乡村的旅游住宿、餐饮、购物及配套服务，拉动农副产品、土特产品销售，提高旅游景区周边农民的收入，形成旅游景区和社区经济的互动发展。三是特色村寨型。以特色村寨的生产生活、生活方式、风俗传统及各种传统节日为特色，吸引广大游客前来观光游览。

四川省为促进乡村旅游的发展，一直在实施乡村旅游发展计划。一是扶持民族地区乡村旅游发展，培育民俗特色浓郁、服务水平高的民族旅游接待户，鼓励和扶持民族地区发展“牧家乐”“藏家乐”“彝家乐”。二是推动“农家乐”等乡村旅游项目标准化管理，开展星级农家乐等级标准制定与评定工作，在基础较好的地区评定一批星级农家乐，并争取将星级农家乐等级标准上升为地方标准。三是开展全省乡村旅游发展的示范建设，全面推动乡村旅游的提档升级，并在部分基础条件较好、发展潜力较大的城市郊区，如成都、眉山、遂宁等城市周边，探索并支持建设1～2个省级乡村休闲度假旅游区，打造特色乡村旅游度假。四是加强对旅游人才的培训，组织以乡村旅游、藏家乐、普通话、卫生健康、烹饪技术、接待礼仪为主题的培训。五是进一步加强全省乡村旅游的品牌形象宣传工作，进一步提高各地乡村旅游产品的市场影响力和吸引力。

此外，四川省还打造了环城市“天府农家”、川西“藏羌风情”、川东北“苏区新貌”、攀西“生态农业”、川南“古村古镇”五大乡村旅游板块，实现从分散粗放的传统“农家乐”模式向集约型的乡村度假模式转变，从单纯的农户经营向多元化投资经营模式转变，从比较单一的乡村观光旅游模式向观光与休闲度假并重模式转变，努力开创乡村旅游发展的新局面，真正实现“以旅助农”“以旅促农”“以旅富农”。

与西部其他地区的乡村旅游相比，四川省的乡村旅游具有以下特点：第一，政府主导作用突出。各农业旅游点在逐步发展壮大的过程中，政府的积极引导和宏观规划起到了重要作用。此外，政府通过投入少量启动资金以及公司合作等方式，有效带动了民间近亿元的投资，带动了农业旅游的发展，取得了良好的经济效益。第二，四川省发展乡村旅游的富民增收效果明显，经济效益和社会效益突出，“农家乐”成为四川省地方经济新的增长点，也成为贫困地区农民致富的重要手段和重要的经济来源。各地通过积极发展农业旅游，促进了农村经济的发展。第三，节庆活动大力推动乡村旅游，同时很好地宣传了乡村，吸引了大批乡村建设项目。节庆活动成为主要宣传推广的渠道。省内各农业旅游点通过举办“梨花节”“桃花节”等活动，提高了乡村的知名度和影响力，吸引了大量游客前往观光、旅游。节庆活动的成功举办有力地促进了农业与旅游的有机结合，大大地推动了农业旅游的发展。

（二）广西壮族自治区乡村旅游的发展

近年来，广西通过创建全国农业旅游示范点，大力发展乡村旅游产业，丰富了旅游产品的类型，带动了农副产品向旅游商品的转化，改变了部分农村经济落后的局面，促进了传统农业向旅游农业、传统农民向旅游从业者、传统居住型乡村向旅游接待型社会主义新农村的转变，使乡村旅游真正成为富民、惠民、利民工程。如崇左市龙州县金龙镇板池屯村，山清水秀，有着浓厚而独特的壮族风情；传统的壮族侬侗节吸引了大量的海内外游客。

在发展旅游业的过程中，广西壮族自治区积极引导农民投入乡村旅游活动，转移农村剩余劳动力，增加非农业劳动收入。经过多年的发展，广西已创建一批乡村旅游示范区、农家乐旅游点，直接从事农家乐旅游的农民已达数万人，这些乡村旅游示范区（点）、农家乐旅游点每年接待游客数以万计，给当地的旅游业带来了极其丰厚的回报。随着当地旅游经营者不断开发新的乡村旅游产品，乡村旅游的发展方向也从单一走向了多元，已形成了六类乡村旅游产品：农家乐，如恭城红岩瑶族村；民俗文化村寨，如宾阳蔡氏书香古宅；集观光、体验、购物于一体的农园，如南宁乡村大世界；高科技农业观光园，如南宁八桂田园；依托乡村名胜开展乡村旅游，如龙胜平安乡的平安壮寨，将龙脊梯田稻作为文化景观；融合当地乡村民族风情开展的乡村旅游，如阳朔高田镇枥村等。

作为当地建设战略的一部分，乡村旅游发展得到了政府、企业和农户的积极响应。通过发展乡村生态旅游，广西壮族自治区的部分乡村具备了游戏、休闲等综合功能，这是工业化、城市化和农业现代化高度发展以后对新时代农业的一种探索，旅游业与农村建设融合发展成为旅游发展的新模式。当地乡村旅游业在发展过程中，注重人与自然的和谐共生，推进资源的有序开发，实现了经济效益、社会效益、生态效益的统一。

第三节　乡村旅游产业与乡村建设融合发展的趋势

从国内外乡村旅游业的发展经验来看，乡村旅游业的发展与乡村建设密不可分，互相促进、互相依存。一方面，乡村旅游业的发展可以为乡村发展赢得更加广阔的空间，为乡村发展奠定扎实的经济基础；另一方面，乡村建设要获得可持续的动力，就要考虑优先发展乡村旅游业，为乡村旅游提供良好的发展环境。乡村旅游业与乡村建设的融合发展，可以为建构乡村旅游业与乡村建设融合模式提供思路。

一、乡村建设的发展趋势

（一）资源集约化

乡村建设就是把原来分散的乡村集合起来，一同发展，为其提供统一的公共设施和社会管理服务，缩减政府在土地、公共设施和管理方面的费用投入，实行集约化的发展模式。

（二）产业升级化

产业是增加农户的就业渠道、拉动经济增长的核心基础。乡镇的建设必然无法与农业脱节，但这并不意味着要将经济的发展限制在农业这一领域。乡村的产业升级归根结底就是农业自身的改造升级，政府相关部门要将高新科技应用于农业中，发展生态农业、休闲农业。与此同时，当地政府也要特别注重对农产品的生产加工业、餐饮服务业等第二、第三产业的发展，打造三大产业共同发展的新局面。

（三）城镇化发展

农村建设并不是要走城市化的发展道路。相反，农村建设要基于现有农业基础和农村的发展现状，在完善基础设施后，形成城镇化发展的格局。

（四）公共配套完善

在乡村基础设施的建设中，建设者要特别注意水、电、交通、排污等公共设施的建设，以满足当地居民和游客的日常生活需求。

（五）社会管理规范化

农户集合起来居住，享受与城市居民同等级的社区管理服务，良好的公共服务设施使农民的生活水平得到显著提升。

二、旅游产业的发展趋势

随着国民经济的发展和人民生活水平的提高，作为朝阳产业呈现出较强的生命力，旅游产业已成为中国经济新的增长点，并发展成为国民经济的支柱产业。目前，中国旅游业出现四大发展趋势。

（一）乡村旅游注入“美丽乡愁”新内涵

中央城镇化工作会议和中央农村工作会议明确了乡村旅游的发展目标：让城市融入大自然中，让城市住户享受山山水水。要保护民族文化，让有民族特色、历史文化资源丰富的乡村发展起来。在开发的过程中，我们要尊重自然、保护自然，遵循天人合一的思想。国家要富裕，乡村一定先走致富之路。

把我国的乡村旅游作为一个整体来观察，我们可以发现一些地区存在着较为明显的小、散等问题。如果要解决这些问题，就要把“美丽乡愁”作为基础，再加上当地的文化特色。“乡愁”是乡村文化的特点，想要塑造乡村旅游的品牌，就要深入研究“乡愁”这一特色。只有这样，乡村旅游才有机会从创新产品向业态多样化过渡，从而达到产业融合的目的。在城镇化的进程中，把“美丽乡愁”作为标签的村庄受到越来越多的人的喜爱。

（二）养老养生旅游需求日益增长

随着社会的不断发展，越来越多的年轻人选择去一线城市发展，这在一定程度上造成了独居老人数量的增长。老年人养老思想的转变，加之老年人消费水平逐渐提高，使旅游深受老人的喜爱，外出游玩的老年人数量逐渐增长。据全国老年旅游产业发展促进研讨会预测，到 2030 年，老年人的旅游年消费交易额将达 8.6 万亿元，这是一个非常庞大的数字，老年旅游产业前景广阔、商机无限。

对于年轻人而言，旅行是教育的一个环节；对于老年人而言，旅行是人生体验、人生阅历的一部分。旅游日益成为老年人的一种生活习惯和生活态度。当前，中国养老旅游产业的发展尚未成熟，需要不断完善，市场上的老年旅游产品对老年人的吸引力并不大，大部分仍处于概念炒作阶段，未能契合老年人的需求。养老旅游的巨大潜力将推动相关旅游产品的开发和创新，未来市场前景光明。

（三）旅游主题智慧化

早在 2014 年，我国便推出了“2014 美丽中国之旅——智慧旅游年”主题旅游活动，此外，特别强调要将重点放在智慧服务、智慧管理和智慧营销层面上，推动旅游资源和产品的开发整合，推动旅游业向现代服务业转型。中国旅游产业掀起了智能化、科技化的新篇章。

为了更好地顺应国家旅游局提倡的旅游主题，一些经济比较发达的省市，如江苏、广州、天津等地，都启动了智慧旅游年的活动。各个地区都依据自身的情况制定了智慧旅游的发展蓝图，游客可以借助社会媒介了解、查询到各种旅游信息；依托电脑、手机等工具实现酒店、门票的在线订购；根据不同游客的不同需求为其量身定做旅游路线等。当然，景区也在逐步完善自己的服务，虚拟软件系统可以帮助游客获得最接近真实的体验，加强游客与景区间的沟通，不但会使游客有很好的旅游体验，而且有利于景区服务形式的完善和创新。

（四）增强文明出游的行动力度

2013 年，一系列中国游客出国旅游的不恰当举止，使文明出境旅游备受关注。同年 7 月，国家旅游局制定“中国公民出境旅游文明行为指南”，并出台了“文明旅游提案”，通过各种渠道和方式进行“文明旅游，理性消费”的宣传。与此同时，国家旅游局向全社会征集文明旅游标语，启动“文明旅游，提高觉醒”活动，鼓励大家一同努力改正旅游活动中的不良行为。

2013 年末，中央办公厅下发《关于培育和践行社会主义核心价值观的意见》，明确提出要对公民加强文明旅游的教育，规范公民行为、加大社会监督力度，提高公民文明旅游意识。

三、乡村旅游与乡村建设的融合发展趋势

乡村建设对乡村经济的发展、农民生活水平的提高、乡村环境的改善和乡村人口素质的提高起着重要的作用。乡村旅游的发展以乡村为主体，对乡村建设的诸多方面产生了不同程度的影响。

我国乡村建设与乡村旅游业态的发展呈现出各自不同的特点。随着“新型城镇化”“现代农业化”等战略的提出，以及“乡愁”这一特殊的情感内涵的作用，乡村建设为乡村旅游业的发展提供了新动力，乡村旅游业的发展促进了乡村的经济发展，使乡村旅游业与乡村建设体现出产业化、多元化、规模化、规范化、品牌化的融合发展趋势。

（一）产业化趋势

伴随着城镇化进程的不断加快，以及人民群众消费水平的逐渐提高，人们对旅游的需求也愈发强烈，以城市居民为主要目标群体的乡村旅游产业也日渐成熟，市场份额逐渐增加，成为拉动乡村经济增长的有力支撑，显示出非常明显的产业化发展态势。

第一，乡村旅游产业链继续扩大，农民的个体经营方式将不断被专业经营者替代，这种企业之间的横向一体化集群发展可以迅速建立起功能完备的产业链条，降低交易成本，提高整体效率。 第二，乡村旅游产业升级成为重中之重，优化生产要素，提升经营水平和保证产品质量，有助于推动行业持续向前发展。

（二）多元化趋势

功能多元化、产品多元化和投资多元化是乡村旅游多元化的三大特点。乡村旅游不能局限于娱乐功能，如旅游和休闲等。它还应具备教育功能、环保功能、保健功能、文化功能等，最终成为人民群众必不可少的一种生活方式。为此，适应日益多样化的市场需求，进行多维度的产品创新，提供丰富多元的旅游产品，是乡村旅游发展的必要途径。美丽的田园风光、极富感染力的乡村文艺表演，以及需要付出很多体力的农事劳动体验，都深受游客的喜爱。除此之外，乡村旅游的主要投资形式日渐多元化。最初只有一些具备经济实力和知识的农户自主投资、独立运作，自负盈亏。随着客流量的不断增加，市场规模逐渐扩大，多家农户共同出资或乡村集体投资模式的乡村旅游项目开始增多，推动乡村旅游飞跃式发展。

（三）规模化趋势

个体扩张规模、集合分散规模、总量规模是乡村旅游发展的三项具体要求。一方面，从事乡村旅游发展的初期运营商基本上完成了旅游资源的累积，激烈的市场竞争促使他们不断扩大经营规模；另一方面，新进入的投资者一般资金实力雄厚，他们想迅速占领市场份额，必须打响第一枪，所以，他们的起点非常高，规模非常大。他们通常选择错位竞争的方法来开拓市场。从区域竞争的角度看，从零散到集约，从“农家”到旅游村，从旅游村到集群的过渡，产生规模效应，有助于提升乡村旅游企业的核心竞争力。显然，人们对乡村旅游的认可度不断提高，旅游项目持续增加，乡村旅游市场的总规模也必然随之扩大。

（四）规范化趋势

乡村旅游发展到一定阶段，为了实现可持续发展，必然要全方位地制定管理准则，确保相关服务流程的规范化和标准化。事实上，在中国乡村旅游发展的实践过程中，国家机关和地方各级政府有关部门及相关行业组织，已经开始有意识地开展这方面的尝试，效果非常明显。2005 年，北京农村工作委员会组织专家制定了《北京市观光农业示范园区评估标准（试行）》，明确了旅游园区的建设和管理、可接待旅游人数等指标。此外，四川、湖南、福建等地也制定了与自身情况相应的服务标准管理准则。

（五）品牌化趋势

当前，市场上的乡村旅游产品有公共品牌和企业品牌两大模式。公共品牌是一种地区性的品牌，具有公共产品的特点，所在地区的全部资源都可以共享；企业品牌，顾名思义，与企业的价值密切相关。在当前的市场环境下，竞争异常激烈，乡村旅游业的发展也要与时代相适应，借助品牌搭建起旅游产品与消费者之间沟通的纽带，用品牌文化的力量吸引游客，促进乡村旅游业不断向前发展。市场竞争日趋激烈，如果想提升企业的核心竞争力、营造良好的休闲旅游环境，那么乡村旅游经营者就要注重打造自己的品牌，使乡村旅游实现可持续发展。

第四节　中国乡村旅游的可持续发展

人们在总结生态环境与经济发展的关系时认识到两者是互相依存、互相影响的。因此，人们关注环境问题，并对发展道路进行反思和探索，逐渐形成了可持续发展理论。

一、我国乡村旅游可持续发展的目标

（一）乡村旅游资源的可持续利用

良好的生态环境是乡村旅游业发展的基础，这需要乡村居民共同努力。增强乡村居民的环保意识、让旅游资源实现可持续发展，是目前旅游管理部门的首要工作。

1．增强旅游地居民的环保意识

近年来，我国的森林覆盖率持续下降。一些人不懂得保护环境，为了私人利益破坏了乡村的自然景观。没有了绿植的陪衬，乡村景观便没有了观赏价值，也就没有了旅游价值。这种现象产生的原因主要有两方面：一方面是居民的环保意识不强，另一方面是政府监管和惩罚力度不够。因此，政府应该出台相关法律法规，同时组织村民学习国家的相关政策，鼓励村民参加植树节等活动，组织村民多观看保护生态环境的宣传片，增强村民的责任意识，呼吁村民保护自己赖以生存的生态环境，使他们意识到只有保护好身边的

生态环境，才能实现乡村旅游的可持续发展。

2. 完善乡村旅游业的管理机制

发展旅游业要先发展乡村旅游业，发展乡村旅游行业要以乡村自然景观为卖点。因此，政府应该重点关注如何合理利用乡村旅游资源，要出台相关的保护政策，同时完善管理机制，使乡村旅游业实现可持续发展。

（二）实现旅游业的可持续发展

旅游企业的发展状况关系到旅游投资者的切身利益，对于投资旅游企业的人来说，得到相应的回报是他们投资旅游企业的动力，要想拥有更多的利润，就要实现旅游业的可持续发展，具体来讲，应做到以下两点要求：

1. 要有一定的收益率

乡村旅游行业发展要有一定的收益率。一定的收益率是投资者投资旅游行业的基础，对于投资旅游行业的投资者来说，一方面，投入资金的数量要符合自身的实际情况，切忌盲目投资，以免给自己带来损失；另一方面，投资的规模要根据旅游地区的具体情况来确定，这样才能使投资者获得更多的回报。

2. 要有适当的发展速度

在选择完合适的乡村旅游项目后，投资者切忌盲目地进行发展，而是应该在选择好发展目标和发展方向后，制定一系列风险防范制度。国际上通常把旅游企业的发展周期分为起步、发展和稳固三个阶段，这三个阶段是旅游企业发展的必经阶段。在投入资金相对固定的情况下，发展速度要趋于平稳。

旅游企业的发展速度对旅游企业的可持续发展十分重要，投资者要合理地规划企业的发展方案，才会有更高的回报。

二、乡村旅游实现可持续发展的路径

作为现代旅游的一种新形式，乡村旅游已成为当今一种重要的产业形式，它把城市与农村紧密地结合在一起，赋予了乡村产业发展新的内涵。从本质上讲，乡村性是旅游地吸引游客进行乡村旅游的基础，是用以区别城市旅游与乡村旅游的重要标志。因此，实现乡村旅游的可持续发展应该做好以下几个方面的工作：

（一）政府做好基础配套工作

首先，制定科学的规划，建立健全各项规章制度，做到统放结合，规范管理。乡村旅游的开发、旅游资源的分配离不开农业部门、旅游部门及其他行政主管部门的管理，政府主管部门依据农业资源的不同性质、作用、功效统筹规划，合理整合，分门别类，制定相应的旅游发展规划和政策，运用法律、行政、经济手段做好指导、监督工作，有针对性地进行管理。“统”是为了乡村旅游的整体形象和整体利益，“放”是为了更好地适应旅游市场的需求。

其次，要重视对乡村旅游地人才的培养，用科学的管理制度和方法经营乡村旅游活动。乡村生态旅游是一种文化性、趣味性、参与性很强的旅游形式，只有在内容和形式上充分体现出与城市生活不同的文化特色，体现出鲜明的地域特色、民族色彩和文化内涵，并将其融入乡村生态环境中，才能最大限度地激发游客的出游积极性，促进乡村旅游持续健康地发展。

最后，要逐步完善乡村旅游配套设施。旅游环境是一个综合指标，既包括有形的指标，如便捷的交通，特色的乡村旅馆等；也包括无形的服务质量等标准。实现乡村旅游的可持续发展就是要打造良好的旅游环境，使游客进得来、留得住。

（二）建立行之有效的利益分配和调控机制

乡村旅游实现可持续发展的核心问题之一就是旅游利益主体间的利益分配问题。旅游地居民、当地政府、旅游企业之间的关系非常复杂，必须确保各利益方之间的利益分配均衡，才能充分调动各方的积极性和参与热情，使乡村旅游资源发挥最大的效益。当地政府要建立利益保障机制、利益表达机制、利益沟通机制、参与机制等，建立行之有效的利益分配、调控机制，实现利益的公平、合理分配。

（三）注重经济利益、资源和生态环境、社会文化效益的综合发展

乡村旅游独特的原生态资源一旦遭到破坏，就很难恢复。所以，在开发旅游资源时，政府对乡村旅游企业的考核要严格，游客的接待量不能超过环境的承载能力。政府相关部门可以通过建立乡村保护区等形式，对一些乡村自然景观进行保护。另外，发展乡村旅游，文化是内涵，关键在服务。城市游客到乡村旅游，除了观赏田园风光外，更重要的是休闲放松。乡村旅游经营者要树立这样的观念：服务本身就是一种文化，游客在旅游项目的服务中

会更加认可当地的乡土文化和旅游产品。反过来，旅游地村民也形成了服务意识，形成了良好的精神风貌。所以，乡村旅游经营者只有将旅游服务与乡村文化有机地结合起来，才能提升乡村旅游的品位，才能促进乡村旅游健康持续地发展。乡村旅游地要把资源优势、生态优势转变为经济优势，以优美的生态环境、特有的乡土文化吸引各类游客，创造自己的旅游品牌。

第四章　乡村振兴战略背景下的乡村旅游发展

第一节　乡村振兴战略背景下发展乡村旅游的要求与模式

党的十九大报告提出实施乡村振兴战略，同时强调必须始终把解决好“三农”问题作为全党工作的重中之重，提出坚持农业农村优先发展，实施乡村振兴战略把乡村振兴提高到战略高度并写入党章，是建设中国特色社会主义新农村的必然要求。要贯彻这一战略，发展乡村旅游产业是重要的途径之一。

一、乡村振兴战略背景下乡村旅游发展的要求

党的十九大报告高度重视“三农”工作，首次提出实施乡村振兴战略，指出农业、农村、农民问题是关系国计民生的根本性问题，进一步强调必须始终把解决好“三农”问题作为全党工作的重中之重，并对相关工作进行了部署，为新时代农业、农村的发展指明了方向。

（一）实施乡村振兴战略的必然性与紧迫性

党中央一直坚持把解决好“三农”问题作为全党工作的重中之重，出台了一系列的支农、强农、惠农政策，极大地促进了农业、农村的发展。农业连年丰收，农民生活质量显著提高。社会主义新农村建设呈现新面貌，农业

农村形势持续向好。

农业农村的发展进入了新阶段，但农村发展中的一些问题成为全面建成小康社会过程中亟待解决的问题，主要体现在以下几个方面：

1．农业投入成本与收入不匹配

当前，国内农业生产成本持续上涨。与此同时，国际农产品价格持续下跌，国内农产品价格高于国际农产品价格，国内农产品与国际农产品相比缺乏竞争力，这导致国内农产品价格上涨难度加大。迅速上升的农业生产成本与较低的农产品价格导致农业经营利润不高。农民老龄化趋势明显，“谁来种地”“如何种地”问题突出，势必会影响未来的农业发展。

2．农民增收后劲不足

农民收入主要由工资性收入、家庭经营性收入、财产性收入和转移性收入构成。目前，农民的工资性收入已经超过家庭经营性收入，成为第一大收入来源。但受整个中国经济进入经济新常态的影响，近几年外出农民工净增数量和工资水平出现增速“双降”的现象，这在一定程度上限制了农民工资性收入的进一步增长。与此同时，受农业生产面临成本“地板”和农产品价格“天花板”的双向挤压，农民持续增收的压力越来越大。

3．农村自我发展能力弱

有人认为通过工业化、城镇化发展就可以解决“三农”问题，这是非常片面的。一方面，作为国民经济的基础，农业为工业化、城镇化的发展提供基础支撑，无论工业化、城镇化如何推进，其基础地位都不会改变。另一方面，随着城镇化的推进，人民对能留得住乡愁的美丽乡村风光会有更多的需求：据测算，到2050年，即使中国城镇化率达到70%，仍然有4亿左右的农村人口居住在农村，基于人们对美好生活的向往，农村也需要更加富饶、美丽。

因此，实施乡村振兴战略，要坚持农业农村优先发展的策略，推动资源要素向农业农村倾斜，才能加快补齐农业农村发展的短板，缩小城乡差距，让农民收入提高，安居乐业。

（二）发展乡村旅游是贯彻乡村振兴战略的重要途径

党的十九大报告明确提出实施乡村振兴战略的总要求，即要按照“产业兴旺、生态宜居、乡风文明、治理有效、生活富裕”的总要求，建立健全城乡融合发展机制，加快推进农业农村现代化。作为推进第一、第二、第三产业融合的典型产业业态，乡村旅游对农业、农村、农民的积极作用完美地契合了乡村振兴战略对新时代农业、农村发展的总要求。

发展乡村旅游是贯彻乡村振兴战略的重要途径，主要体现在以下几方面：一是增加了村民收入。发展乡村旅游，聘请当地农民为服务员或民宿管理者。这样，农民既可以照顾农业生产，又能赚取打工收入，部分农民还能通过销售土特产品增加收入，农民生活更加富裕。二是吸引人才与资金回流，激活农村发展的内生动力。三是增强了农村集体的凝聚力。逢年过节乃至村民办喜事，村民均回乡设宴庆祝，改变了以往村民外出打工很少回乡、乡村冷清的现象，增强了村集体的凝聚力，有利于乡村和谐稳定发展。四是改变了农民的思想观念。发展乡村旅游由刚开始的一两个人参与开发，到后来越来越多的村民加入，乃至周边村也开始发展乡村旅游，这都体现了乡村旅游使农民“睁眼看世界”，开始追求自我发展。五是改善农村居住环境和生态环境。无论是发展乡村旅游以前进行的农村环境整治，还是在乡村旅游发展过程中进行的池塘改造、建设污水处理系统等工程，都切实改善了农民的生活条件。通过发展乡村旅游，农业农村的发展面貌明显改观。

（三）乡村振兴战略背景下发展乡村旅游的注意事项

党的十九大报告提出，乡村振兴战略的总目标是促进农业农村发展现代化，相较于单一的农业现代化，农业农村现代化涵盖的范围更广，涉及农村的经济、政治、文化、社会、生态文明等各个方面，要实现农业的繁荣发展。以此为指导，在发展乡村旅游的过程中，我们应加强以下三个方面的工作：

1．秉持可持续发展理念

乡村旅游是以乡村生态资源、乡村民风民俗等为卖点而开发的一种旅游活动，有赖于良好的农村自然生态环境与良好的民风民俗。如果通过发展乡村旅游对农村资源的肆意开发、生态环境的破坏、扰乱当地社会秩序等，乡村旅游也就成了无本之源。因此，在发展乡村旅游的过程中，我们要秉持一种可持续开发的理念。这就要求发展乡村旅游应做到以下几方面：一是要因地制宜，依托当地乡村旅游资源进行科学规划，引导乡村旅游的经营者有序开发；二是要注重培养政府管理人员及乡村旅游从业人员的环保意识；三是在发展乡村旅游的过程中，要充分考量乡村旅游可能带来的负面影响，做好规划。

2. 与农村其他工作相结合

党和国家一直高度重视“三农”工作，尤其是党的十八大以来，党和国家出台了许多政策措施，投入了很多资源，来促进农业繁荣发展，将乡村旅游与国家正大力推进的农村其他工作相结合，如精准扶贫、美丽乡村建设等。将乡村旅游与农村其他工作相结合，一方面，可以整合资源，解决农村发展资金不足的问题，对农村发展有利于形成更大效应；另一方面，乡村旅游与精准扶贫、美丽乡村建设等农村工作相互依赖、相互促进，有利于形成农村发展的良性循环。

3. 充分发挥政府的引导与扶持作用

为了完成建设社会主义新农村的目标，要坚持农业农村优先发展的原则。这就意味着要尽一切可能促进资源、公共服务等向农村倾斜，这一过程需要充分发挥政府的引导与扶持作用，为乡村旅游的发展营造良好的环境。这就需要政府做好以下五个方面的工作：一是要制定乡村旅游发展的行业标准，明确乡村旅游的发展方向；二是要出台促进乡村旅游发展的相关政策，明确乡村旅游发展的管理机制；三是要加强基础配套服务设施建设，完善乡村公共基础设施；四是要加强对乡村旅游的宣传推介，作为以自驾游为主要形式的乡村旅游，游客是否前来游玩有赖于宣传推介，尤其需要政府对旅游地进行整体宣传、推广；五是要创新各种体制、机制，为乡村旅游保驾护航，如设立乡村旅游专门发展委员会等。

二、乡村振兴战略背景下乡村旅游开发的模式

（一）田园农业旅游模式

田园农业旅游模式是以农村田园景观、农业生产活动和特色农产品为主要卖点，通过开发农业游、林果游、花卉游、渔业游、牧业游等不同特色的主题休闲活动来满足游客体验农村生活、回归自然的心理需求。

1. 田园农业游

田园农业游以观赏农村景观为重点，开发了欣赏田园风光、观看农业生产活动、品尝和购买土特产品、学习农业技术等旅游活动，以达到使游客了解和参与农业生产的目的。如上海市孙桥现代农业观光园，北京市顺义区三高农业示范园都曾举办田园农业游。

2. 园林观光游

园林观光游以果林和园林（如四川泸州张坝桂圆林）为重点，开发了采摘、观景、赏花、踏青、购置果品等旅游活动，让游客观看绿色景观，亲近大自然。

3. 农业科技游

农业科技游以现代农业科技园区（如北京市小汤山现代农业科技示范园）为重点，开发观看温室大棚内设施等，使游客增长现代农业知识。

4. 务农体验游

务农体验游通过参加农业生产活动，与农民同吃、同住、同劳动，让游

客接触实际的农业生产，感受特殊的乡土气息。

（二）民俗风情旅游模式

民俗风情旅游模式即以农村的风土人情、民俗文化为卖点，充分突出农耕文化、乡土文化和民俗文化特色，开发了农耕展示、节庆活动、农产品加工等活动，开展农业文化旅游。如新疆吐鲁番坎儿井民俗园。

1. 农耕文化游

农耕文化游通过对农耕技艺、农耕用具、农产品加工的展示等活动，开展农业文化旅游。

2. 民俗文化游

民俗文化游通过组织游客观赏服饰、饮食、礼仪等，开展民俗文化游。

3. 乡土文化游

乡土文化游通过举办民俗歌舞、民间戏剧、民间表演等活动，开展乡土文化游。

（三）休闲度假旅游模式

休闲度假旅游模式是指依托自然优美的乡村风景、清新的空气，结合周围的田园景观和民俗文化，兴建一些休闲、娱乐设施，为游客提供休憩、度假、娱乐、餐饮、健身等服务。

1. 休闲度假村

休闲度假村以山水、森林、温泉为依托，以高档的设施和优质的服务为游客提供休闲、度假的地方，如广东梅州雁南飞茶田度假村。

2．休闲农庄

休闲农庄以优越的自然环境、独特的田园景观、丰富的土特产品、便宜的餐饮和住宿价格，为游客提供休闲、观光旅游的地方，如湖北武汉谦森岛庄园。

3．乡村酒店

乡村酒店以餐饮、住宿为主，配合周围的自然景观和人文景观，为游客提供休闲旅游的地方，如四川郫都区友爱镇农科村乡村酒店。

（四）依托农业产业的旅游模式

依托农业产业的旅游模式是指利用农业观光园、农业科技生态园、农业产品展览馆、农业博览园，为游客提供了解农业历史、学习农业技术、增长农业知识的旅游活动。

1．农业科技教育基地

农业科技教育基地是指在农业科研基地的基础上，将科研设施作为景点，以高新农业技术为教材，向农业工作者和中小学生进行农业技术教育，形成集农业生产、科技示范、科研教育为一体的新型科教农业园。如北京市昌平区小汤山现代农业科技示范园、陕西杨凌全国农业科技农业观光园。

2．观光休闲教育农业园

观光休闲教育农业园是指利用当地农业园区的资源环境，现代农业设施、农业生产过程、优质农产品等，开展农业观光、参与体验、DIY 教育等活动，如广东高明霭雯教育农庄。

3．少儿教育农业基地

少儿教育农业基地是指利用当地农业种植、畜牧、饲养、农业技术等，让中小学生参与休闲农业活动，接受农业知识的教育。

4．农业博览园

农业博览园是指利用当地农业技术、农业生产过程、农业产品、农业文化进行展示，让游客参观，如沈阳市农业博览园、山东寿光林海生态农业博览园。

（五）回归自然旅游模式

回归自然旅游模式是指利用农村优美的自然景观、奇异的山水、茂密的森林、清澈的湖水，发展观山、赏景、登山、森林浴、滑雪、滑水等旅游活动，让游客亲近大自然，感受大自然的魅力。

第二节　乡村振兴战略背景下乡村体验旅游的创新发展思路

随着近年来旅游业的高速发展，乡村振兴战略背景下的乡村体验旅游越来越成为当今旅游业中发展潜力巨大的一支新生力量，旅游业的竞争重心也正逐步由基于价格的竞争转变为基于体验价值的竞争。乡村旅游因其具有更好的体验感而成为近二十年旅游产业持续稳定的增长点，以体验为主导的乡村旅游开发研究成为人们关注的焦点。

一、体验经济与乡村旅游开发的关联性

对于旅游者而言，旅游产品是从背包外出开始到再次回到家中这一时间段中的所有经历的总和。在这一过程中，旅游者消费的不是某些具体的产品或资源，而是付出了自己的时间、情感及行动。从这个角度来看，旅游需求的本质就是想获得一个独特、愉悦而又难忘的旅游体验。在体验经济的背景下，旅游企业经营的核心也不仅仅是提供某一产品或服务，而是为旅游者创造美好而快乐的回忆和体验。与传统旅游相比，体验旅游具有更大的优势。乡村旅游是以乡村自然风光和乡土民俗为主要卖点，吸引游客前往观光、学习及休息的旅游活动，其本质是向旅游者提供认识及体会农村生活的某种体验。由此可见，乡村旅游与体验经济之间有着天然的耦合性。

二、乡村体验旅游开发的必要性

由于起步较晚，乡村体验旅游的开发目前还处于初级阶段，尤其在实践中还存在着一些亟待解决的问题，主要表现在以下几个方面：

（一）项目开发普遍缺乏规划，同质化现象严重

我国乡村旅游项目投资及经营规模一般较小、组织形式较为分散。在发展乡村旅游的过程中，许多地区对农业休闲文化还没有认真地了解，便仓促地进行乡村旅游的开发，地方政府也缺乏具体的政策性引导及专项规划。旅游产品要具有多元化与特色化的特点，只有这样才能满足游客个性化的体验要求。但由于进入门槛较低，很多地方为了追求经济效益，忽视了对市场的分析和论证，盲目开发。有的仅就现有农村景观资源略加修改，并未充分体现旅游产品的特色，从而极大地影响了旅游产品的吸引力，影响了游客的回访，无法满足游客的个性需求。

（二）产品缺乏深层次开发，季节性显著

当前，国内许多乡村旅游产品缺乏与本土资源的深度挖掘与有效整合，忽视了对传统乡村文化、乡村建筑、乡村节庆等旅游资源的有效利用。旅游产品开发深度不够，千篇一律的产品模式难以形成独家卖点，难以形成旅游吸引力，使得游客逗留时间较短，消费支出受到抑制。另外，受自然气候的影响，乡村旅游的季节性较为明显。旺季旅游者的过度集中会为旅游地带来环境以及公共基础设施上的较大压力，而在淡季又出现了大量资源、设施闲置的情况。对游客而言，旺季旅游者过于拥挤，而淡季又找不到乡村旅游的卖点，他们不能很好地欣赏田园风光。

（三）体验型活动项目较少，旅游者参与度不高

随着体验经济时代的到来，传统的旅游产品已经越来越难以满足不断变化的游客需求。人们参与乡村旅游除了进行传统农业观光，还希望借助各种体验型旅游产品全方位、多角度地体验乡村生活。由此可见，体验将是旅游者发展未来乡村旅游的主要目标之一，而体验型旅游产品的设计也将是乡村旅游可持续发展的一个重要方面。但就目前情况而言，绝大多数的乡村旅游产品开发还维持在初级阶段，更多的是依托现有资源优势对产品进行初级开发来满足游客的需要，导致产品设计缺乏参与性与趣味性，旅游者的参与度不高。

（四）乡村旅游产品链不完整，旅游基础设施不完善

游客在选择乡村旅游体验的同时，除了追求与城市居住环境不一样的青山绿水、田园风光，也会考虑游览过程中的各种基础配套设施，即“食、住、行、游、购、娱”六要素。目前，许多乡村旅游项目仍然停留在“吃农家饭、住农家屋、干农家活”的初级阶段，还有人误以为乡村基础设施越旧越能吸引游客。餐厅不满足卫生检疫标准，道路、停车场等达不到景区运营标准，娱乐设施不足且缺乏特色等问题，均成为直接影响游客综合体验的重要因素。

三、乡村体验旅游开发的策略

（一）分析旅游资源，确定开发方向

首先，应对乡村旅游资源进行调研分析，并对其做进一步的梳理分类。其次，针对乡村旅游资源进行评价，基于旅游资源评价的结果对资源进行适度的筛选、优化及整合，使乡村体验旅游开发具备相应的设计依据及物质依托。对乡村旅游的评价可以从定性及定量两个角度进行定性评价，景区需对自身既有的乡村旅游资源的整体情况与其他景区进行比较分析，在此基础上最终确定自身的特色和优势资源。定量的评价方法方面则可以考虑运用国标法，即依照旅游资源共有因子综合评价并系统赋分。国标法由评价项目及评价因子组成，评价项目由要素价值（从珍奇度、完整性、观赏游憩价值、规模丰度及历史文化价值等几方面进行评判）、资源影响力（从适游期、知名度、影响力几方面进行评判）、附加值（从环境安全及保护角度评判）等指标构成。评价项目及评价因子最终用量值来表示，根据旅游资源的实际情况分别予以赋分。

（二）细分旅游市场，明确游客群体定位

针对目标细分市场进行乡村旅游产品的设计及市场策略的制定，企业的经营才能更有针对性，才能为游客留下更好的旅游体验。企业需要针对乡村旅游市场，按照旅游者的年龄、受教育程度、职业、收入、学历等指标，将客源市场按照相关标准进行分类；在市场细分的基础上，按照细分变量的特征，深入地分析旅游的消费特征和消费习惯，结合企业的竞争环境、乡村

旅游经营者自身的经营能力，以及针对目标客群提供体验式旅游产品的难易程度，选择一个或多个目标细分市场。企业要根据不同细分市场的旅游者需求，开展相应的乡村旅游体验活动。

（三）定制旅游产品，实施差异化营销策略

1. 观光体验型产品的营销策略

此类产品是需要旅游者借助游览来完成的旅游活动，游客与乡村旅游资源之间的交流形式是观赏，包括林地、湖泊、瀑布等自然生态景观，蔬菜、良田、果园等乡村田园景观，以及耕作、灌溉等乡村农事活动。

这类产品的开发主要针对学生市场、婚庆蜜月市场等。企业在宣传产品的过程中，需要强调乡村旅游景区拥有哪些好的生态环境，突出“绿色”“生态”“回归自然”，可采用广告促销和网络营销、旅游企业营销相结合的方式。

针对学生及婚庆蜜月旅游市场，企业可制作优秀的视频作品、摄影作品及微电影等，作为一种美好的旅游纪念品，在网上通过微博、微信、旅游门户网站、视频网站、社区论坛等媒介进行广泛传播；或与重要城市的知名婚纱影楼合作，拓展景区的外景拍摄基地，赠送门票、折扣券，吸引拍摄照片的新人在景区旅游，并通过引导游客在微博、微信等社交媒体上发布相关照片及文字的方式，为潜在目标客户获取景区信息提供便捷渠道。

针对中老年旅游市场，增加宣传画册、明信片等营销工具的应用，在各大旅行社、酒店、商场、公园等位置散发，可在繁华的街道、高档写字楼入口、机场、高速公路出入口等树立广告牌，展现乡村旅游景区的自然风光；与几家大型的旅行社进行长期合作，给予适当的优惠，将景区纳入其必游线

路；也可考虑与携程等在线旅游网站开展相关合作，打破传统营销模式，实现景区门票的电子化销售；与人气团购网站如美团、大众点评网等展开团购营销，将景区一日游、二日游等旅游线路实现限期团购营销，从而吸引大量游客。

2. 休闲体验型产品的营销策略

对于旅游者而言，乡村旅游活动除了欣赏田园风光之外，还包括采摘、野营、漂流、拓展训练等户外体验活动。休闲体验型产品因游客停留时间长、旅游活动松弛平和、重游率高等特点受到旅游市场的欢迎。

乡村旅游的经营者可以主打“休闲”“健康”“养生”“雅致生活”“乡村度假”等主题，同时根据游客的实际需求对旅游产品进行组合，如推出家庭乡村度假套餐、白领乡村度假套餐、中老年乡村度假套餐等。另外，乡村旅游经营者可以结合乡村特色旅游资源，并以此为基础开发大型主题节庆活动，以此来挖掘旅游产品一年四季的价值；可以通过新闻媒体报道的方式来吸引游客关注，提高乡村旅游景区的品牌知名度。

针对老年客群，乡村旅游经营者可选择他们比较习惯接触的媒体，如电视、报纸、广播等进行景区的宣传报道，如可考虑通过电视的旅游频道以图文并茂的方式宣传景区，同时还要注意与当地老年组织保持较为紧密的联系；针对家庭旅游客群，可借助社区便利店、美发店、洗车行、城市公园、照片冲印店等场所设立售卖点，推动旅游产品与知名户外俱乐部进行广泛合作，挖掘自驾游客源市场。

3．文化教育体验型产品的营销策略

偏好此类产品的旅游者一般都具有较高的文化修养，有较高层次的旅游需求及文化追求。他们外出旅游的目的除了观光和休闲，更多的是希望能够在旅游的过程中获取知识。

因此，此类产品的针对性也较强，主要针对文化市场和学生市场。在宣传此类产品时，企业应该主要强调景区深厚的文化底蕴，强调乡村旅游地丰富的历史遗存和人文景观，可针对客群特点开发主题文化游，如“名人主题游”“历史文化怀古游”“乡村探秘游”“寻找乡村的记忆之旅”等，以增强对这类客群的吸引力；举办文化研讨、考察及文化名人对谈活动，邀请文化研究机构、民间艺术团、文化协会等定期举办考察、学习及文化交流活动，使乡村旅游目的地成为受到国内专业人士关注的重要目的地；组织以乡村文化为主题的竞赛，如赛诗、赛文章、摄影、乡村文化研究等，借助主流媒体的宣传报道，吸引游客前来观光旅游。

第三节　乡村振兴战略背景下田园综合体的发展

一、田园综合体概述

（一）田园综合体提出的背景

2017 年 2 月 5 日，“田园综合体”作为乡村新型产业发展的亮点措施被写进文件。文件指出，支持有条件的乡村建设以农民合作社为主要载体、让农民充分参与和受益，集循环农业、创意农业、农事体验于一体的田园综合体，通过农业综合开发、农村综合改革、转移支付等渠道开展试点示范活动。

（二）田园综合体的核心内涵

田园综合体是集农业、休闲和旅游等于一体的一种发展模式，它符合现代化的发展要求。田园综合体是跨产业和功能性的综合载体。根据项目的应用要求可知，在多功能以及多业态分析阶段，我们必须明确产业和功能分区的要求，做好集聚工作，提升综合效益。

二、乡村振兴战略背景下田园综合体的发展要求

乡村振兴战略背景下田园综合体的发展和管理是一个复杂的过程，在

当前发展阶段，要突出产业优势。

（一）打造现代化农业示范基地

现代化生态农业示范基地的建设是一个复杂的过程，既要考虑到区域的概况，也要做好配套设施的落实工作。农业种植园和园林景观等需要结合在一起，按照流程进行。例如，蔬菜种植园和果树种植园等要配备鱼塘和水池等，注重农业种植和园林景观的融合。此外，以渠道建设为例，建设现代化生态农业示范基地要应用现代化的灌溉技术，在不违背国家土地管理规定的前提下，主体建筑可以选择架空结构，直接应用到农业生产中。现代化生态农业示范基地以科学技术为核心，如何做好推广是重点，要注意可循环低碳生产模式的合理应用；在建设基地的过程中，要提前进行规划和指导，要让人感受到田园风光和农业魅力，提升整体价值。

（二）提升农民的综合能力

现代化农业基地建设对从业人员的综合能力有一定的要求，在实施过程中要做好培训工作，以技术指导和管理方式落实等为前提，采用新设备和新工艺等来满足实际工作的要求。现代化农业基地建设需要高素质的技术人员，在操作过程中提供更多的技术。

（三）建立多元化模式

以现代化农业基地建设为前提，打造观赏农田。在区域规划和预设过程中，乡村振兴战略背景下田园综合体要保持田园特色。此外，在基础设施建设过程中，以城市和乡村人员的整体化管理为例，城区居民和农民等都参与到项目中，促进农业产业升级，让农民充分受益。

第四节　乡村振兴战略背景下智慧乡村特色小镇的发展

一、智慧乡村旅游的概念

（一）智慧化

智慧是智力因素的综合体现，是随着各种知识和技能的不断积累，综合素质得到不断提升的一种能力。智慧化是在智慧的基础上向外扩展延伸出来的，其内涵已不仅限于智慧的含义。这里的智慧化是指通过利用各种现代科学技术，使某事物在某种功能方面实现全面自动化和智能化。如某一物业管理企业利用新一代的信息技术使某个小区在规划和管理、资源分配、服务等方面实现全面自动化时，物业管理企业的发展基本上也就实现了“智慧化”发展；图书馆通过利用新的信息技术，实现功能升级，能够实现一次服务做多件事情，关注整体效果和效益，在决策、管理和服务等方面实现全面自动化。这时，我们就可以说图书馆踏出了向智慧化发展的关键一步。而当乡村旅游的发展通过各种现代科学技术全面达到了感知自动化、信息数字化、信息传播网络化、服务自动化、管理智能化和决策智慧化的程度时，我们就可以认为乡村旅游实现了智慧化发展。

（二）智慧乡村旅游

陈刚、童隆俊、金卫东在《智慧旅游：南京之探索》一书中指出：“智慧旅游是一种将物联网、云计算、下一代通信网络、高性能信息处理、智能数据挖掘等技术应用于游客感知、行业管理、旅游产业发展等方面，使旅游物力资源和信息资源得到高度系统化整合和深度开发，并服务于游客、旅游企业、政府管理部门等，面向未来的全新的旅游业态。”乡村旅游智慧化就是将智慧旅游运行过程中使用到的新技术，对乡村旅游进行有效嫁接之后形成的一种新型的乡村旅游方式，是对乡村旅游未来发展方式的一种全新的升级。

通过对乡村旅游和智慧旅游的定义进行详细的分析和理解，再将两者进行有效的结合，我们可以得出乡村旅游智慧化的概念，即通过智慧的乡村旅游管理平台，利用物联网、云计算等高端技术，借助感知系统主动感知、识别、判断，并及时发布有关乡村旅游资源、活动、游客等各方面的信息，全面实现乡村旅游从管理、营销到服务整个运营过程的自动化和智能化，使游客的旅游需求得到满足。同时，这也是为乡村旅游景区、相关旅游管理部门以及乡村旅游企业在监督、管理和发展方面提供便利的一种全新的乡村旅游模式。乡村旅游智慧化也可简称为智慧乡村旅游。

二、美丽乡村特色小镇概述

（一）美丽乡村的内涵

党的第十六届五中全会首次提出了与建设美丽乡村有关的一些要求，例如，“生产发展、生活宽裕、乡风文明、村容整洁、管理民主”等。2013年，农业农村部办公厅发布《关于开展“美丽乡村”创建活动的意见》之后，在全国范围内开始了建设美丽乡村的活动。同时，政府相关部门进一步统筹规划了农村生态建设、环境保护和综合整治等工作。

（二）特色小镇的内涵

特色小镇并不是行政区域意义上的一个镇，也不是类似产业园区的一个区域的划分。特色小镇的定义是遵循创新、协调、绿色、开放、共享五大发展理念，通过对地区优势资源的合理利用实现产业融合发展的一种模式，是一个将“产、城、人、文”有机结合在一起的重要功能平台。

（三）美丽乡村和特色小镇的协同性

特色小镇在某种意义上可以说是美丽乡村的升级，在模式、体量、逻辑上看起来与美丽乡村有很大的不同，但追溯本源，却能够发现二者的很多相通之处。特色小镇是借鉴美丽乡村的发展经验，融合科技和创新，建设成的以产业为依托的聚合区域；相较于美丽乡村，特色小镇在很多地方都进行了创新和发展。随着多地特色小镇的成功建设，特色小镇成了美丽乡村借鉴的范本，二者在不断吸收与融合的过程中获得了更好的发展。

1. 乡村的文化特征主要靠特色小镇来表达

美丽乡村的建设往往要依托一些具有特色的景观和文化。实际上，这也是“特色小镇”文化的一种体现。随着乡村的发展和建设，传统的乡村环境和乡村文化也发生了很大的改变。因此，欣赏乡村美景的方式和感受乡土文化的方式也都需要进行相应的改变，需要借助一些物质文化进行表达，从而让前来观光旅游的游客能够更加直观地体会乡村特色。例如，全国十大最美乡村之一的馆陶粮画小镇，就以粮食为载体来表现他们最具特色的本土文化，也让游客非常直观地领悟这种文化的内涵。

2. 乡村旅游资源依托特色小镇进行延伸

很多地方在建设美丽乡村时没有进行统一的规划，导致很多乡村旅游地十分分散。这样不仅不利于管理，也不容易形成规模。在资源整合方面，乡村旅游经营者可以借鉴特色小镇模式。因为特色小镇通常能够将具有相同特色和类型的产业结合起来，并形成一定的规模，这样更有利于小镇的长远发展

3. 乡村创业平台依托特色小镇发展

发展特色小镇能够有效解决当地乡村农民返乡创业及就业的问题。当地政府可以通过创建乡村或社区创业服务社的方式，为有创业意愿的年轻人和返乡工作的年轻人搭建平台，提供一定的资金和技术支持，带动乡村经济更好地发展。例如，陕西茯茶小镇鼓励当地居民利用当地文化资源进行创业，为乡村创业平台的建设提供了新的思路。

三、智慧乡村特色小镇的内涵

在乡村振兴战略背景下，智慧乡村特色小镇在广义上是指乡村特色小镇的全方位信息化，即通过建设多媒体信息网络等基础设施平台，整合小镇信息资源，建立电子政务、电子商务等信息平台，共享信息资源，逐步完成小镇的信息化建设。建设内容主要包括智慧政务、智慧民生与智慧产业。其中，智慧政务涵盖智慧监察、电子政务、智慧执法、政府热线、智慧城管、应急系统、平安城市等；智慧民生涵盖智慧农业、智慧医疗，智慧社区、智慧教育、智慧商务等；智慧产业涵盖智慧环保、智慧物流、智慧旅游、智慧交通、智慧金融等。

国内特色小镇发展之风盛行，但智慧乡村特色小镇的建设尚未有统一的规划、建设标准等。很多智慧乡村特色小镇的建设仍处于探索阶段，智慧乡村特色小镇的建设涵盖方方面面，涉及领域众多。智慧乡村特色小镇的建设不是机械的“功能相加”，最关键的是功能的融合，使小镇成为有山有水，有人文气息的宜居、宜游的地方。

四、智慧乡村特色小镇的建设方案

从智慧家庭到智慧社区，再到智慧小镇，智慧已成为一个城市、一个乡镇、一个社区的名片。而智慧平台的建设是一个涉及多种技术、应用于多个领域、服务于多个对象的多维立体的复杂系统。一套合理的智慧解决方案是最终实现乡村振兴战略背景下智慧乡村特色小镇科学、高效、和谐、便捷发展的基础。

（一）建设内容

在设计智慧乡村特色小镇的建设内容方面，本书推荐围绕智慧民生、智慧政务与智慧产业完成顶层设计，完善智慧应用程序，搭建信息化基础平台与公共设施基础平台等，以达到智慧平民化、普及化、科技化、效能化的目的。

1．顶层设计

顶层设计没有一个固定的构架，合理实效、因地制宜才是科学的。顶层设计要充分考虑政府主导与市场主导两个要素。政府主导是指政府部门必须依据城市的发展方向、发展目标，结合城市规划及城市定位，进行充分的市场调研及技术论证后，有选择地完善顶层设计的内容，如城市管理、公共服务、社会管理、市场监管等。市场主导是指在法律法规及相关政策的规范下，依据顶层设计的内容，打造相应的公共应用支撑平台及公共信息基础设施，以满足社会信息化应用及企业信息化应用等要求。

政府主导与市场主导相融合，以问题、业务及目标为导向，实现高效决策、便捷服务、统筹规划及精细管理四大目标。顶层设计首先要有合理的目标体系，对每一个具体目标的价值，目标之间的关联，是否可行及先做什么、后做什么等进行细致的分析；从全局的视角出发，对整个架构的各个方面、各个层次、各种参与力量、各种正面的促进因素和限制因素进行统筹考虑，以避免出现工程技术可行而目标设计不合理的现象。

2．智慧应用

民企之间要做到信息对称、信息互通、信息共享，这样才能让智慧应用得以推进。所以，智慧小镇在建设过程中，要着重建设面向游客的、能解决实际问题的智慧应用。通过实现业务系统的信息资源共享与交换，以数据获取和资源整合为核心，政府各职能部门可对基础数据进行统一管理。

3．信息化基础设施建设

乡村振兴战略背景下建设智慧乡村特色小镇的关键是信息化基础设施的完善。在信息化基础设施的建设过程中，我们的解决方案是本着技术合理、适度超前的原则，优先建设通信网络、感知网络、数据中心以及覆盖整个小镇的便民服务终端网络。

4．公共基础平台建设

我们要适当以现有的信息系统与文化资源为基础，统筹规划，推进信息支撑平台建设。智慧乡村特色小镇的建设要做好以下几方面的工作：一是要延伸信息网络，发展面向城乡居民的信息系统，建立健全公共资源共享服务体系；二是要建设完善、便利、快捷的民生服务体系；三是要推进信息化在城镇管理和特色产业发展中的应用，同时开发面向基层政府部门的乡镇电子政务应用。

（二）建设方案与功能体系

根据对项目的理解及建设方对项目的定位与需求，在设计方案中，最终形成的架构模式为：以智慧旅游为主线，建设一个标准数据库，打造三大功能平台，推出 17 个应用系统的智慧乡村特色小镇方案。

1. 标准数据库建设

我们可以在镇政府数据中心建设一个服务全镇，可扩展的标准基础数据库。

2. 打造智慧民生服务平台、智慧产业平台、智慧政务管理平台

（1）智慧民生服务平台。智慧民生整体架构分为基础设施层、网络传输层、信息资源层、应用支撑层、应用层和渠道层六个层面，同时具有管理体系和安全体系两大保障体系。采用村级（社区）采集，集中式管理的方式，构建镇村级数据处理中心，将涉及民生服务领域的信息化服务延伸至村级，消除镇村（社区）信息孤岛，实现省—市—县—镇—村（社区）的有效对接，融入国家信息化网络，打造公共服务共享网络体系。

以智慧教育为例：智慧教育打造的是以互联网、物联网为基础的智慧化校园工作、学习和生活一体化环境，以各种应用服务系统为载体，将教学、科研、管理和校园生活充分融合。教育智慧终端为广大师生提供了综合信息服务平台，展现了校园的风采，实现了教务政务管理一体化，融合了网络创新科研内容。

（2）智慧产业平台。与传统产业相比，智慧产业更强调智能化，包括研发设计的智能化、生产制造的智能化、经营管理的智能化、市场营销的智能化等。智慧产业是智力密集型产业、技术密集型产业，在生产、管理过程中有效运用物联网、射频、互联网等技术，提高资源的综合利用水平；通过产销体系的信息化，降低农户（企业）生产运营成本，提高产品竞争力，有

效增加农民（企业主）的收入，提高农村预防和应对自然灾害的能力，实现村镇经济健康发展。

以智慧旅游为例：乡村振兴战略背景下智慧乡村特色小镇的建设主线是旅游业，以旅游业带动其他产业的发展。智慧旅游主要依靠云计算、物联网等新技术，通过互联网和移动互联网，借助便携的终端上网设备，主动感知旅游资源、旅游活动、游客等信息。智慧乡村特色小镇旅游的推广，将提升游客在食、住、行、游、购、娱等每个旅游消费环节中的附加值；使游客在旅游前、旅游中、旅游后都能轻松获取信息、合理规划出行路线、预订票务、安排食宿、消费支出等，极大地改善了游客的旅游体验，使旅游从单纯的信息管理走向以服务为本的协同一体化服务，做好“四上”（手上、桌上、车上、路上）服务，最终形成以公共服务为核心的一体化景区智慧中心。

（3）智慧政务管理平台。传统的城市和政府是按业务、管理职责分别设定的，各个部门各司其职，城市基本运行数据孤立地存在于不同的流程中。当地政府部门通过对智慧政务平台的建设，实现信息资源共享，全面推动电子政务应用，打造“政务公开、联网审批、责任追溯、智慧决策”的智慧型、服务型政府，从而提高政府的执政能力和服务水平，具体实施方案及功能如下：

第一，一站式服务。全面整合政府门户及下属单位子网站的信息资源，实现有序互联、有效共享。政府各部门通过重置流程及资源，为市民及公司提供便捷、优质、低成本的服务。

第二，互动沟通。增加创新的沟通渠道，提供市民与政府、企业与政府之间互动交流的平台机制，树立一个公平、公正、公开的政府形象。

第三，并联审批。政府各联网部门实现数据整合和信息资源共享，对政府工作流程进行优化和改造，以标准化服务的方式开展各类跨部门的联动业务，提高政府的办事效率。

第四，权利监管。利用网上行政监察和法制监督系统对服务过程进行管理，对行政执法信息公开的程度进行监督，确保行政行为透明、廉洁、高效。

第五，政务智能。利用智能化平台来提取行政业务数据，指导业务决策和政策推行。

第五章　乡村旅游产业与文化创意产业的融合发展

第一节　乡村旅游产业与文化创意产业融合发展的理论

一、乡村旅游产业与文化创意产业融合发展的动因

（一）消费习惯的转变

随着我国经济的发展，人民的生活水平和消费能力普遍提高，人们的消费习惯也发生了明显的变化。美国心理学家亚伯拉罕·马斯洛提出了需求层次理论，将人类的需求由低到高分别为生理需求、安全需求、社交需求、尊重需求和自我实现需求五个层次，前两种需求停留在温饱层面，社交需求和尊重需求发生在小康阶段，最后一种则发生在富裕阶段。我国的恩格尔系数逐年降低，居民不再以生存资料消费为主，在满足了基本的物质需求的前提下，开始追求精神层面的享受，导致消费结构逐步升级。基本的生理需求通过物质消费就可以实现，而更好的生活方式则需要通过精神层面的追求来实现。在全面建成小康社会的背景下，居民的消费方式逐步向以文化消费为代表的精神需求过渡。

旅游是一项娱乐休闲活动，是一次精神层面的消费活动。随着人们可支配收入的不断增加，居民开始进行城郊游、跨市游、跨省游、出境游等多种形式的休闲旅游活动。由于出游目的地不断增多，游客已经不满足于走马观花式的旅游，他们需要旅游活动增强体验性和文化性。如今，乡村旅游产品

不断升级，从组织大众观光、农家采摘等活动逐步过渡到组织体验型、参与型等乡村旅游活动，深受游客的青睐。乡村旅游的多样化、个性化、品质化成为游客的关注点。游客倾向于追求精神层面的享受，乡村旅游地只有深度开发乡村旅游产品的文化内涵，才能迎合游客的观光需求。比如，可以将传统村落、传统手工工艺品、民俗体验、民族歌舞表演加入创意元素，这些文化创意产业能够满足城市游客的精神需求。游客消费习惯的转变成为两大产业融合发展的原动力。

（二）政府的正确引导

长期以来，党和国家高度重视“三农”问题，而发展乡村旅游是解决“三农”问题的重要途径之一。虽然发展乡村旅游的意义重大，但是目前我国乡村旅游仍然存在一些问题，需要调整乡村旅游的产业结构，对乡村旅游产业进行优化升级。文化是旅游的灵魂，旅游是文化的载体，两大产业有着密不可分的联系，文化构成旅游活动的基本要素，旅游衍生的产品都具有强烈的文化属性。

2016 年，国务院印发了《关于推进农村一二三产业融合发展的指导意见》，旨在改善农业农村基础设施条件、强化科技支撑、搭建公共服务平台、加大财政支持力度。政府加快农业结构的调整，延伸农业产业链、拓展农业的多种功能、大力发展农业新型业态、引导产业集聚发展。政府明确要求推进农业与其他产业的融合发展，其中就包括乡村旅游与文化创意产业的融合。在国家的正确引导下，我国两大产业融合的领域不断扩大。产业融合有效地推动了乡村旅游的转型升级，促进乡村地区更好、更快地发展。政府的支持和引导，多项相关政策的出台，能够更好地引导两大产业融合发展。

（三）旅游产业转型升级

经过四十多年的快速发展，我国的乡村旅游产业已经日趋成熟，乡村旅游产业规模不断扩大。

虽然我国乡村旅游发展速度快，但是在发展过程中也出现了一些问题，如乡村旅游地“小”“乱”“散”。乡村旅游发展主要靠简单的数量累加，而质量却没有提上去。我国乡村旅游的产业结构不合理，缺少具有丰富文化体验性和参与性的乡村旅游产品。

随着居民可支配收入的增加，生活在城市的居民开始向往农村。他们开始利用周末的闲暇时间去农村郊游、度假，体验农村的生活方式，与农民一起生活。乡村旅游发展以“农家乐”模式开始。随着城市居民出游次数的增多，乡村旅游不再是走马观花式的，他们希望旅游形式丰富多样。乡村旅游项目的单一与游客多样的旅游需求之间的矛盾，要求乡村旅游业必须进行产业的转型升级。在转型升级的压力下，两大产业的融合发展将为提升乡村旅游的品质提供新的发展思路。

（四）科学技术创新

乡村旅游业转型升级需要多管齐下，而技术创新则是乡村旅游业转型升级必不可少的因素。乡村旅游业可以通过改进生产技术提高旅游产品的质量，降低旅游产品的价格，给游客带来更好旅游体验。同时，技术创新也是提升乡村旅游产业服务水平和质量、推动该产业转型升级的重要手段。先进的技术会促进乡村旅游业的发展。

目前，计算机技术日益成熟并应用到了多个领域，出现了产业融合的浪潮。科学技术创新为两大产业的融合发展提供了强大的推动力。乡村旅游与文化创意产业原本是两个界限分明的产业，但在科学技术的影响下，两者的界限逐渐模糊，进而实现新的产业融合。乡村旅游业与农业相辅相成，而农业离不开科学技术的支撑，科学技术的创新能够增加乡村旅游的创意元素、提升乡村旅游的品质。科技创新不仅推动了农业现代化，还增强了农产品的观赏性。一些农业主题展览开始兴起，如农产品博览会、农产品主题公园等。

（五）文化体制改革

一个国家的文化体制与该国的社会、经济、文化息息相关，它是一个国家文化意志的体现。改革开放以来，我国开始实行市场经济体制，人们的生活水平得到了改善，文化产品日益市场化和商品化。在满足物质需求的前提下，文化产品等具有精神需求属性的东西成为人们主要的消费选择。文化创意产业已然成了我国社会经济的重要组成部分。2016 年，我国经济下行压力持续加大，多个行业经济增长放缓，而文化创意产业被认为是最具有活力的产业，文化创意产业能够成为拉动经济增长的支柱产业。文化体制改革将打破乡村旅游与文化创意产业之间的产业壁垒，为两者更好地融合提供支撑力。

二、乡村旅游产业与文化创意产业融合发展的过程

乡村旅游产业与文化创意产业具有极高的关联性。在消费需求、旅游产品转型升级、技术创新、文化体制改革、政府引导等多方面因素的影响下，乡村旅游与文化创意产业逐步融合。两大产业的融合是一个动态的演变过程，并不是一蹴而就的，而是经历了产业分立、产业初步融合以及新产业出现三个发展阶段。

（一）产业分立阶段

这一阶段，两大产业互不干扰，各自拥有鲜明的特征，分别具有清晰明确的产业边界。两大产业的生产技术不同、生产的产品不同、面向的市场不同、提供的服务不同。两大产业不存在任何联系，不存在交叉以及融合的现象，不存在竞争关系。

1. 乡村旅游产业边界

按照通过技术边界、产品边界、组织边界、市场边界的划分方法，乡村旅游的边界是依托乡村旅游资源对乡村旅游进行开发，形成丰富的乡村旅游产品，对乡村旅游产品进行销售，进而形成旅游市场和旅游群体，并构成了完整的产业链。

2. 文化创意产业边界

按照同样的划分方法，文化创意产业的边界是依赖文化资源而产生的不同类型的文化创意产品和服务，并对产生的文化产品和服务进行营销，进

而吸引文化市场的消费者群体，最终构成了完整的产业链。

（二）产业初步融合阶段

随着科学技术的发展，在内外因素的影响下，两大产业的边界开始变得模糊，出现了产业融合的现象。产业融合会打破两大产业边界的界限，从四个层面逐步实现产业融合。

1. 技术融合

每个产业都有各自的生产技术，有技术就会产生技术边界。两大产业存在技术关联，都具有将文化资源产品化的技术，并且能够实现资源互补。在产业融合的初期，原本存在明显界限的两大产业因为拥有技术关联性，而出现技术融合。技术融合是两大产业之间相互融合发展的第一层面，也是两者融合的基本要求。

2. 产品融合

在经济不断发展的同时，游客旅游消费的需求也日益多样化。传统的旅游项目和旅游产品已经不能满足游客的需求，需要对旅游产品进行升级换代，生产复合型的旅游产品。乡村旅游产业和文化创意产业原有的技术关联会使文化资源产品化，这些产品既属于乡村旅游产品，又属于文化创意产品。技术手段将两大产业结合在一起，形成产品融合，如农耕文化展览、农产品博览会、民俗节庆等旅游产品，是两大产业产品融合的典型代表。新技术将两种资源整合起来，开发出能够满足消费者需求的产品，既能够促进两大产业的发展，也能够更好地利用优秀传统文化资源。

3．组织融合

随着技术融合与产品融合的出现，两大产业的边界也逐渐削弱。文化创意产业与乡村旅游产业生产出来的产品需要企业进行营销，并对其进行整体整合。为了更好地实现两大产业的融合，赢得消费者的喜爱，获得更高的经济效益，我们必须实现跨产业的组织融合，特别是组织结构、指导观念和业务运营特点的融合。

4．市场融合

经过前三个融合阶段，两大产业的联系日益密切，产业间的界限也日益模糊，在此基础上形成了产业和市场的融合。乡村旅游与文化产业融合形成了技术融合、产品融合和组织融合，具体表现在三个方面：第一，消费市场的交叉融合。大量文化产品和服务纷纷涌入旅游市场，抢占市场空间，使文化产业的原有市场不断扩大。第二，创新营销方式。乡村旅游通过新颖的营销方式，在乡村旅游产品中加入了更多的创意元素和文化内涵，通过互联网等新颖的传播渠道进行宣传，大大提高了文化产品在市场上的销量。第三，品牌的市场整合。将区域内的旅游资源进行规划与整合，形成规模，打造极具市场竞争力的旅游文化产品。

（三）新产业出现阶段

随着产业融合的出现，两大产业通过技术、产品、组织和市场的深度融合，使两大产业的关系更加密切，两大产业之间的产业边界消失，并相互包含。在产业融合后期，两大产业融合之后演变成一种拥有自身产业特征的新产业——乡村创意文化旅游产业。

三、乡村旅游产业与文化创意产业融合发展的机制

（一）文化创意产业对乡村旅游的渗透与提升效应

第一，丰富乡村旅游产品的种类，促使乡村旅游产品升级。随着经济的发展，人们的生活水平和消费水平逐步提高，人们对精神层面的需求日益增长，对文化的需求不断增长。中国地域辽阔、历史悠久，存在诸多各具特色的历史古迹和民俗文化，这些文化吸引人们去追寻。在旅游方面，大部分游客旅游的目的是体验不同的文化，开阔视野。文化旅游在旅游中的比重逐渐加大，文化对深化乡村旅游内涵、提升乡村旅游品质有着重要的作用。随着科技的发展，新科技可以将隐性的文化创意显性化、静态的文化创意动态化，可以将文化创意元素或文化创意产业植入乡村旅游产业，实现两者的融合发展。文化创意产业的渗透使乡村旅游产业更具内涵和魅力。乡村旅游活动包括很多可以利用的文化资源，比如，农耕文化、民俗文化等。我们可以在文化资源的基础上加入新科技、新创意，打造出新的经济增长点，延伸乡村旅游产业链，在增加乡村旅游产品内涵的同时，形成了独具特色的乡村旅游品牌。

第二，提高乡村旅游的品质和内涵，助推乡村旅游产业升级。我国乡村旅游发展面临着产业结构单一、产品品质低等诸多问题。在文化创意产业的渗透和提升作用下，我国乡村旅游的产业结构开始转变，乡村旅游项目也由观光模式向体验、参与模式转变。传统的乡村旅游景区有着很丰富的文化资源，但是这些文化资源都是静态的，游客不能直接感知，需要导游进行讲解。

根据游客的消费需求，我们可以借助高科技，将乡村旅游地区的旅游资源、文化资源进行整合，与文化创意产业融合起来，打造动态、多样的乡村旅游文化产品，提升乡村旅游产品的品质和内涵；同时，可以通过文化创意将原本静态的乡村旅游动态化，甚至让游客产生身临其境的感觉。比如，将乡村旅游项目中的民俗文化与当地的自然风光结合起来，打造出来的印象系列产品就是很好的例子。

（二）乡村旅游对文化创意产业的扩散效应

各具特色的文化资源需要人类利用高科技、新的创意，将静态文化动态化、隐性文化显性化，打造成一个丰富多彩的旅游项目。作为文化的重要载体，乡村旅游能够为文化创意产业提供平台，助推文化创意产业的发展。

第一，有利于文化资源的开发与保护、促进文化的交流与传播。虽然文化创意产业是一个朝阳产业，但因其较为复杂，需要借助外部力量推动它的发展。文物古迹、民俗文化等文化资源很容易受到现代文明的冲击，尤其是文物古迹，不仅会受到人类文明的破坏，还会受到自然环境的侵蚀。随着时代的发展，历史文化资源被人们不断忽视或者淡化。针对文化资源面临的困境，政府出台了一系列相关政策保护文化资源，扶持文化创意产业的发展，并呼吁公众志气对文化资源的保护意识。但是政府的政策并不能全面地保护文化资源，财政投入也有限，公众意识转变较慢，文化资源的保护和开发遇到了瓶颈。

乡村旅游的项目不能局限于“农家乐”模式，而是需要向更深层次发展。于是，文化创意产业成为乡村旅游深度发展最好的选择。乡村旅游的深度发展伴随着其对乡村地区文化资源的开发与利用，深度挖掘旅游地的文化资源能够为乡村旅游提供旅游资本，从而更好地吸引游客，带来可观的收入；同时，也会有更多的资金投入到保护和开发乡村文化资源中，让人们认识到文化资源的重要性，提高保护文化资源的意识，促进乡村旅游与文化资源保护进入良性循环。因此，乡村旅游的发展可以解决文化创意产业中文化资源面临的问题。同时，乡村旅游可以让不分国界、不分地域，不同国家、不同文化背景的游客通过乡村旅游进行交流，促进了各地区之间的文化交流和传播。

第二，扩大了文化创意产业的市场空间。乡村旅游是朝阳产业，全球正在进入乡村旅游蓬勃发展阶段，该产业涉及面广，与数十个产业相关联。乡村旅游发展到一定的阶段会使乡村地区的第一、第二、第三产业实现逐步融合，形成农业观光旅游、文化创意旅游、会展旅游、影视旅游等众多复合产业。乡村旅游发展前景广阔，在旅游业中所占份额逐渐上升。文化创意产业借助乡村旅游产业发展的契机，逐步融入乡村旅游市场，不仅有利于提升乡村旅游的品质，还会扩大文化创意产业的市场空间。原本不知名或者被淹没的民间文化资源，比如，民间手工艺品、特色民居、地方曲艺、美食等，可以通过乡村旅游这一平台进行传播，增加知名度。文化创意产业与乡村旅游产业融合，有利于使文化资源重新焕发生机，延伸文化创意产业的价值链。同时，文化创意产业可以通过乡村旅游平台，进行多层次、多领域的发展，不仅能够降低生产和运输成本，还能开拓新的市场。

第二节　乡村旅游产业和文化创意产业的发展模式分析

乡村旅游产业与文化创意产业两大产业内涵丰富，且包含的类型多种多样，两大产业有各自的产业特征、运作方式，融合的过程和模式都不相同。因此，根据两大产业的特殊性，我们可以将其融合发展的模式划分为以下三种：渗透型融合模式、延伸型融合模式和重组型融合模式。

一、渗透型融合模式

随着技术的不断进步，高新技术渗透融合，使乡村旅游产业和文化创意产业的界限变得模糊，原本关联不大的两个产业开始互相渗透融合成一个新型产业，并带动一系列相关产业的发展。通过渗透，两大产业相互融合，不仅提升了产业的内涵，还会使产业更具有竞争力。这种渗透具有双向性，一方面，文化创意产业向乡村旅游产业渗透融合；另一方面，乡村旅游产业向文化创意产业渗透融合。

文化创意产业向乡村旅游产业渗透融合。文化创意产业内涵丰富，传播性强。农耕文化、少数民族歌舞、传统民俗、特色民居等借助其独特的文化内涵优势，通过好的创意把原本隐性的文化资源挖掘出来，丰富了乡村旅游的文化内涵。

乡村旅游产业向文化创意产业渗透。乡村旅游的发展可以带动文化创意产业发展。江西婺源被称为“中国最美乡村”，它的成功归结于特色民居、油菜花和积极的宣传。婺源在整合自身乡村旅游资源的基础上，通过合适的营销渠道对自身进行宣传，使自身知名度大增，吸引了大量游客，成为国内重要的乡村旅游景点。为了使婺源县乡村旅游转型升级，婺源县也注重对文化资源的挖掘，促进地域文化与旅游融合发展；婺源县政府实施“徽建保护”工程，保护和改造特色徽派建筑，打造成“徽文化大观园”。对全县文化进行系统的发掘和整理，普查民间文学、民间风俗和民间手工艺，做精摊面、砚台等特色旅游产品，推广茶艺、抬阁等特色民俗；同时借鉴阳朔《印象·刘三姐》模式，运用高科技制作出大型山水实景表演《梦里来家》。婺源县在发展乡村旅游的同时，大力发展文化创意产业。婺源县重金打造水墨上河国际文化交流中心，打造集创意科研设计、商务休闲旅游、文化展示、文化交流培训于一体的文化创意产业园，把婺源县建设成为集旅游观光、休闲度假、文化体验、健康养生于一体的综合性旅游景区。

二、延伸型融合模式

在文化创意产业与乡村旅游产业融合的过程中，两者的边界逐渐消失。产业融合可以扩大产业的外延，具体可以分为乡村旅游产业向文化创意产业延伸融合与文化创意产业向乡村旅游产业延伸融合两种模式。

（一）乡村旅游产业向文化创意产业延伸融合模式

文化创意产业内涵非常广，包括影视基地、漫画基地、创意艺术区、创意展示园等。部分游客喜欢到乡村地区感受独特的文化创意氛围，观赏各种艺术品生产环节。乡村旅游产业通过在一些文化创意生产基地设置供游客观赏、停留的接待地，把文化创意产业塑造为全新的旅游景区，挖掘出新的旅游功能。

（二）文化创意产业向乡村旅游产业延伸融合模式

为了获得更好的经济效益，政府和旅游企业通过引入高科技使乡村旅游项目中呈现出了更多的文化创意产业元素。比如，在传统的农业庄园里，利用生物技术，改变农产品的形态；彩色西红柿、迷你西瓜、特色南瓜等农作物的培育，吸引了大批游客。文化创意产业向乡村旅游产业延伸融合，可以有效地促进两大产业的转型升级，并带动一系列相关产业的协调发展。

三、重组型融合模式

乡村旅游产业与文化创意产业都有自身的产业价值链，重组型融合模式是利用特殊的方式将两大产业价值链模糊化并解构重组，打造出全新的价值链，形成一个具有两大产业共同特征的业态形式。重组型融合会将原有的资源整合利用，进而对资源进行合理利用。例如，会展业属于文化创意产业，作为旅游业的重要组成部分，会展成了吸引游客的重要形式。因此，国家每年都举办大型的国际或者国内的会展活动，吸引世界各地的消费者前来参观，为旅游业的发展带来了契机。于是，会展成了新的乡村旅游形式，带动了乡村经济的发展。会展产业是旅游产业与文化创意产业的有机结合，通过资源的重组和互动式的交流，塑造崭新的创意旅游产业。会展不仅可以吸引大量游客，还可以促进文化创意产品的销售，促进两大产业的共同发展。

第三节　乡村旅游产业与文化创意产业融合发展的有效策略

作为旅游业的一种创新发展形式，乡村旅游产业与文化创意产业的融合具有很强的现实意义，也为乡村旅游业注入了新的活力。在此背景下，探寻乡村旅游产业与文化创意产业融合发展的途径显得十分有必要。

一、乡村旅游产业与文化创意产业融合发展的可行性和必要性

（一）转型升级与经济增长的必然选择

在“互联网+”“旅游+”时代，我国乡村旅游经济结构不断优化升级，逐渐由投资驱动向科技创新驱动转变，乡村旅游需要实现特色化、精品化发

展，这一变化为乡村旅游产业与文化创意产业融合发展衍生出新的旅游业态创造了天然的基础。为适应当前大众旅游消费升级的新特征，乡村旅游产业的转型升级应依托乡村自然环境，融入文化灵魂，突出农耕文化，打造乡村旅游的升级版。发展乡村旅游要立足本地区实际，挖掘自身优势资源，注重人文关怀，实现乡村旅游的特色化、差异化、个性化发展，乡村旅游产业与文化创意产业融合发展便是一条便捷的发展之路。文化创意产业可以对原有的乡村文化进行再挖掘，开发出独具特色的乡村旅游产品，最大限度地发挥农业的多元化功能。

（二）乡村旅游产业是实现精准扶贫的最佳手段

以发展乡村旅游产业来实现精准扶贫，就是要把各种旅游资源整合起来，重塑乡村经济产业结构，延长乡村经济产业链。乡村旅游产业与文化创意产业融合发展，可以解决乡村旅游景区建设城市化、产品种类单一、环境污染、缺乏科学规划等问题，将新农村建设、农业生产、小城镇建设、生态环境保护等紧密结合起来，打造乡村文化创意旅游精品，实现文化创意型乡村旅游的良性发展。乡村旅游产业与文化创意产业的融合发展，可以优化乡村旅游产品的结构，加快休闲农场、房车营地、乡村民宿、艺术村落、乡村庄园、乡村博物馆和市民农园等乡村旅游新类型的发展，增加乡村旅游对游客的吸引力。

二、乡村旅游产业与文化创意产业融合发展的策略

（一）乡村旅游产业与文化创意产业融合的途径

用文化创意推动乡村旅游产品研发和产业融合，可形成乡村旅游经济发展的新增长点。如何将原有农业文化景观、农业生态环境、农事生产活动及传统民族习俗等资源优势转化为产业优势，把观赏、考察、度假、学习、娱乐和购物融于一体，提升乡村文化创意旅游的市场化运作能力，是乡村旅游产业和文化创意产业融合发展面临的重要问题。乡村旅游产业与文化创意产业融合应该走一条以资源特色为基础的差异化融合发展之路。不同资源类型的乡村旅游目的地，其产业融合发展的具体路径与发展重点均有所不同。

（二）乡村旅游产业与文化创意产业融合发展的建议

1．分圈层的差异化发展

乡村旅游产业与文化创意产业融合应按照城市、近郊、远郊三个圈层来实现差异化发展。城市圈层以改善城市生态环境、营造城市氛围为主，在适宜的区域发展景观创意农业；近郊圈层以休闲农场、乡村庄园、市民农园等现代农业示范园区为重点，发展功能型创意农业；远郊圈层以设施农业为重点，利用高新技术生产农产品，兼顾创意生活功能。近郊和远郊在发展乡村文化创意旅游时，要解决的首要问题也不同，如近郊首先要解决交通和停车问题，而远郊则应更关注资源核心竞争力的差异。

2．分区域的功能化发展

乡村旅游与文化创意产业融合发展时必须进行区域功能划分，如哪些是当地村民的保留区域，如核心生活区域，游客不得前往；哪些是游客的游览区域，主要进行乡村文化体验、开展娱乐活动等；哪些是村民和游客的共有区域，既能为游客提供各项旅游体验，又能为村民所用。只有增强村民对乡村旅游的认同感，乡村文化创意旅游产业才能实现可持续发展。

3．分步骤的过程化管理

乡村旅游产业与文化创意产业的融合发展必须要先进行整体规划，事先解决村民与游客之间一切可能出现的文化和利益冲突问题，尤其是大量游客到来之后，不能给村民带来生产和生活上的不便。在乡村文化创意旅游实施过程中，乡村旅游业经营者还要做到管理上的平衡，使游客和村民都有幸福感；然后，将原有农业文化景观、农业生态环境、农事生产活动及传统民族习俗等资源进行再挖掘，开发出独具特色的主题产品，做好创意设计、广告营销、旅游产品销售、管理培训等工作。

三、乡村旅游产业与文化创意产业融合发展的前景

（一）乡村旅游产业与文化创意产业的融合发展

乡村旅游产业与文化创意产业的融合已深受人们的欢迎。两者之间的融合为乡村旅游的发展提供了新动力。2013 年，中国文化产业增加值达 21000 亿元，同比增长 16.21%。在相关政府部门的扶持下，乡村旅游产业

与文化创意产业的融合已进入了蓬勃发展时期。

（二）乡村旅游产业与文化创意产业的开拓

要促进乡村旅游产业与文化创意产业的融合发展，乡村旅游业经营者就要从多元化的发展方向来开拓业务，根据游客的需求，打造具有地区特色的乡村旅游景区和具有文化价值的旅游产品，找准时机，以主题公园、商业街区等特色景点，带动乡村旅游的发展。比如，旅游产业与文化创意产业的融合，产生了增长效应、联动效应、创新效应、溢出效应、升级效应五种综合效应。

乡村旅游产业与文化创意产业的融合，为旅游业增添了新的发展动力，为人们提供了更多的休闲去处，使人们的精神有了寄托。乡村旅游产业与文化创意产业的融合，一方面，丰富了人们的业余生活；另一方面，使人们的精神文化生活得以充实，在有效地提高人们生活质量的同时，也促进了国家经济的增长。

参考文献

[1]安金明．乡村旅游的“北京模式”实践与应用[M]．北京：中国旅游出版社，2010.

[2]北京市旅游业培训考试中心编.乡村旅游发展基本原理[M].北京：旅游教育出版社，2013.

[3]北京市农村工作委员会，北京市农村经济研究中心，北京观光休闲农业行业协会编．北京市休闲农业与乡村旅游发展报告 2013[M]．北京：中国农业科学技术出版社，2013.

[4]北京巅峰智业旅游文化创意股份有限公司课题组．旅游文化创意与规划[M]．北京：旅游教育出版社，2017.

[5]蔡竞.产业兴旺与乡村振兴战略研究[M].成都：四川人民出版社，2018.

[6]陈芬．2017 年出境游总结报告：短途高频、深度体验成出境游趋势[J]．中国经济信息，2018（4）.

[7]陈建宪．民俗文化与创意产业[M]．武汉：华中师范大学出版社，2012.

[8]陈世才．旅游新论[M]．北京：北京理工大学出版社，2018.

[9]邓爱民，王子超.旅游文化基础导论[M].北京：中国旅游出版社，2019.

[10]管宁.区域文化资源保护与产业开发[M].镇江:江苏大学出版社，2012.

[11]郭焕成，韩非. 乡村旅游的七种发展模式[J]. 温州农业科技，2016（3）.

[12]韩卢敏. 我国乡村旅游发展动力和价值取向[J]. 滁州学院学报，2011（1）.

[13]何丽芳. 乡村旅游饮食文化资源开发研究[J]. 福建林业科技，2007（1）.

[14]黄郁成. 乡村旅游[M]. 北京：中国大百科全书出版社，2006.

[15]黄渊基.文化生态旅游融合发展研究[M].湘潭:湘潭大学出版社，2017.

[16]姜兰婷.我国乡村旅游发展存在的问题及对策[J].乡村科技，2019（4）.

[17]林光旭，唐建兵. 乡村旅游项目创意策划与实践[M]. 成都：电子科技大学出版社，2011.

[18]刘德谦. 中国旅游文学新论[M]. 北京：中国旅游出版社，1997.

[19]刘光.乡村旅游发展研究[M].青岛:中国海洋大学出版社，2016.

[20]刘奇. 乡村振兴，三农走进新时代[M]. 北京：中国发展出版社，2019.

[21]刘韫.民族村寨旅游中社会文化影响的居民感知研究:四川甲居藏寨的个案调查[M]. 成都：四川大学出版社，2014.

[22]卢云亭. 旅游研究与策划[M]. 北京：中国旅游出版社，2006.

[23]骆高远．中国文化旅游概论[M]．杭州：浙江大学出版社，2017.

[24]聂秀萍．广州创意产业发展路径分析[J]．中国高新技术企业，2010（9）.

[25]彭述林，杨茜．保定市乡村旅游的可持续发展问题探究[J]．安徽农业科学，2012（2）.

[26]申元村，刘锋．中国的生态环境与生态旅游[M]．北京：气象出版社，2011.

[27]史亚军．农村文化产业概论[M]．北京：中央广播电视大学出版社，2014.

[28]舒科．明日田园：以旅游推进乡村振兴的探索与实践[M]．成都：四川人民出版社，2018.

[29]宋银萍．“一带一路”战略下陕西旅游发展研究[J]．丝路视野，2016（10）.

[30]孙国学，赵丽丽．旅游产品策划与设计[M]．北京：中国铁道出版社，2016.

[31]孙树志．居有其所美丽乡村建设[M]．北京：中国民主法制出版社，2016.

[32]唐代剑，池静著．中国乡村旅游开发与管理[M]．杭州：浙江大学出版社，2005.

[33]唐瑶函，徐紫薇，齐立斌．乡村旅游与休闲体育产业融合特征研究[J]．当代体育科技，2020（3）.

[34]田里，李柏文，李雪松，等．云南乡村旅游发展研究[M]．北京：

中国旅游出版社，2013.

[35]王健，张悦玲，焦晓松. 中国乡村旅游对农业经济增长贡献的分析[J]. 当代旅游（学术版），2013（5）.

[36]王静. 旅游产品开发问题及创新途径[J]. 商场现代化，2010(21).

[37]王野. 基于旅游人类学视角的乡村旅游文化建设研究[M]. 成都：四川大学出版社，2018.

[38]王永强. 欧美国家促进乡村旅游发展的经验与启示[J]. 郑州航空工业管理学院学报，2009（3）.

[39]王云才. 现代乡村景观旅游规划设计[M]. 青岛：青岛出版社，2003.

[40]杨力民. 创意旅游：讲述旅游策划的故事[M]. 北京：中国旅游出版社，2009.

[41]杨容来. 基于科学发展观的民族旅游发展研究[J]. 商场现代化，2009（5）.

[42]叶文，成海. 旅游融合发展：旅游产业与乡村建设[M]. 北京：中国环境出版集团有限公司，2016.

[43]依绍华. 多元化经营：旅游企业实施多元化战略实战分析[M]. 北京：旅游教育出版社，2007.

[44]尹华光，蔡建刚. 乡村振兴战略下张家界乡村旅游高质量发展研究[M]. 成都：西南交通大学出版社，2018.

[45]臧丽娜. 文化创意产业品牌传播案例研究：以山东为例[M]. 济南：山东教育出版社，2016.

[46]张碧星. 城镇化发展过程中的乡村旅游经营管理研究[M]. 北京：

中国商务出版社，2019.

[47]张树民. 中国乡村旅游发展模式与政策保障研究[M]. 北京：中国旅游出版社，2014.

[48]张闻桐. 乡村旅游与文化创意产业融合发展的有效策略[J]. 魅力中国，2019（10）.

[49]赵承华. 乡村旅游可持续发展问题分析及路径选择[J]. 农业经济，2018（4）.

[50]赵皇根，宋炼钢，陈韬. 振兴乡村旅游理论与实践[M]. 徐州：中国矿业大学出版社，2018.

[51]周玲强，黄祖辉. 我国乡村旅游可持续发展问题与对策研究[J]. 经济地理，2004（4）.

[52]朱至珍，庄志民. 难得湖途：休闲旅游业的东钱湖之路[M]. 北京：中国青年出版社，2012.

[53]诸丹. 城乡统筹视域下的旅游原创规划[M]. 成都：四川大学出版社，2009.

[54]邹统钎，赵英英. 基于自然与文化解决方案的遗产旅游资源管理战略研究[J]. 遗产与保护研究，2017（1）.